首富
SHOUFU
WANGJIA

王健林

U0619809

大业已成
的创业者

天津出版传媒集团

天津人民出版社

图书在版编目（CIP）数据

首富王健林：大业已成的创业者/郭宏文著．——
天津：天津人民出版社，2017.7（2020.7重印）
ISBN 978-7-201-12098-0

Ⅰ.①首… Ⅱ.①郭… Ⅲ.①王健林—生平事迹
Ⅳ.① K825.38

中国版本图书馆 CIP 数据核字 (2017) 第 170929 号

首富王健林——大业已成的创业者
SHOUFU WANGJIANLIN——DAYEYICHENG DE CHUANGYEZHE

郭宏文　著

出　　版　天津人民出版社
出 版 人　刘　庆
总 策 划　刘志则　张吕清
监　　制　李广顺
地　　址　天津市和平区西康路 35 号康岳大厦
邮政编码　300051
邮购电话　（010）84249361
网　　址　http://www.tjrmcbs.com
电子信箱　tjrmcbs@126.com

责任编辑　郭晓雪
策划编辑　于展华（Sam zhanhua yu）　刘春玲
装帧设计　张合涛　苏洪涛
责任校对　汤　勇

制版印刷　环球东方（北京）印务有限公司
经　　销　新华书店
开　　本　710×1000　1/16
印　　张　18
字　　数　221 千字
版次印次　2017 年 7 月第 1 版　2020 年 7 月第 4 次印刷
定　　价　48.00 元

2016 年，王健林频频出现在各种排行榜的显要位置，可谓是一位炙手可热的人物。2016 年 2 月 24 日，"2016 胡润全球富豪榜"公布，王健林家族以 1700 亿元财富超过李河君，重回中国首富的宝座，并且首次超过李嘉诚成为华人首富；2016 年 3 月 2 日，《福布斯》"2016 全球富豪榜"公布，王健林以 287 亿美元的资产首次跻身前 20 强，排名全球第 18 位，超越李嘉诚，成为全球最富有华人；2016 年 4 月 21 日，王健林入选《时代周刊》"2016 年度全球最具影响力人物"；2016 年 5 月 4 日，《新财富》"500 富人榜"出炉，王健林、王思聪父子合计财富达人民币 1982.6 亿元，排名第一；2016 年 10 月 13 日，"2016 胡润百富榜"发布，王健林及其家族以 2150 亿元财富第三次成为中国首富；2016 年 10 月 20 日，"2016 胡润房地产富豪榜"发布，王健林及其家族以 1150 亿元第六次成为"地产首富"；2016 年 10 月 27 日，"2016 福布斯中国富豪榜"公布，王健林以 330 亿美元的身家蝉联富豪榜第一。

看过东南卫视《鲁豫有约大咖一日行》栏目的观众，也许会记得王健林说过这样一段令人无限感慨的话："很多年轻人，有自己的目标，比如想做首富是对的，这是奋斗的方向。但是，最好先定一个小目标，比方说我先挣它一个亿。你看看能用几年挣到一个亿，你是规划五年还是三年。到了以后，下一个目标，你再奔 10 亿、100 亿。"

在谈到创业初期的年轻人应该注意哪些问题时，王健林说："第一，敢闯敢试。不管你做什么，一定要有梦想、有目标、敢去做。第二，创新求变。凡是跟别人做一样的事情，获得的肯定是平均利润率。只有做跟别人完全不一样的事，才能获得超额利润。第三，坚持到底。过去讲不到黄河心不死，不撞南墙不回头。我不一样，我到了黄河心也不死，我可能搭一个桥就过去了；撞了南墙也不回头，我找个梯子就爬过去了。"

王健林参与的《鲁豫有约大咖一日行》访谈节目，是在 2016 年 8 月 26 日晚首播的。面对主持人陈鲁豫的采访，王健林还说："我现在最感兴趣的是体育产业。有句名言，体育是和平时期的战争，国家、地区最好的竞争方式就是体育。足球、篮球、冰球、橄榄球对抗性强，看得人热血沸腾。3 年前，我花十几亿欧元买一个体育公司，布局体育产业，看好者很少，价值在哪？但现在价值出来了。中国的目标是 10 年内，将体育产业做到世界第一，我们规划了 5 万亿人民币。我现在最喜欢体育产业，不仅能赚钱，还能赚大钱。"

关于体育产业，王健林还在一次演讲时说："万达要把规模做得更大。万达并购盈方和世界铁人三项公司以后，以收入论，万达体育公司已是世界规模最大的。但这还远远不够，因为体育产业在全球都呈现小、散、乱的特点，体育行业没有一家收入超过百亿美元的公司，也没有出现能掌控行业的企业。所以万达体育的目标就是把这个产业真正做大，成为世界上第一个体育产业突破百亿美元的企业。为此，我们要继续加强并购，同时也谋划新的体育产业内容。"

随着房地产市场的持续走低，加上电子商务的崛起和消费者喜好的变化，王健林预感到，万达再像以往那样坚守以发展万达广场的方式来拓展业务，难以实现预期的增长速度。于是，王健林断然决定，万达从房地产业，朝着文化、旅游、金融和电子商务全方位转型。

按照王健林的战略规划，从 2016 年开始，万达电影制作和发行、万达体育、万达旅游、万达网络金融等业务相继上市。未来，万达 2/3 的利润和收入，都将来源于服务业。

其实，进入 2010 年，王健林就开始围绕发达国家的文化娱乐产业，酝酿和实施海外投资计划。毫无疑问，作为一名聪明的投资者，王健林是非常有眼光的。万达的一系列海外投资，都为万达的产业发展新布局打下了坚实的基础。

2012 年 5 月，万达以 26 亿美元并购了全球第二大院线集团、美国院线 AMC；2015 年 11 月，万达院线以 22.46 亿元收购了英国公司 HG ANZ 持有的 HG Holdco 100% 的股权及 7000 万澳元的债权；2016 年 1 月，万达以 35 亿美元现金收购美国传奇影业公司；2016 年 3 月，万达旗下的 AMC 出资 11 亿美元并购美国卡麦克院线；2016 年 7 月，万达旗下的 AMC 以 9.21 亿英镑（约合 80.94 亿元人民币）并购了欧洲第一大院线——Odeon & UCI 院线；2016 年 8 月，王健林在接受路透社采访时表示，万达将收购美国的两家非制片类电影公司，两笔交易价值都将在 10 亿美元以上，从而进一步扩大万达电影王国的版图。

提起万达的发展目标时，王健林说，万达的目标就是跻身世界超一流公司的行列；同时，也为提高中国的国家实力做出重大贡献。他说，世界大国的力量和影响力，来自这些国家拥有的伟大公司，这些公司促进了国家的发展。中国的公司，也将在中国的发展中发挥同样的作用。他表示，像万达这样的公司，就应该不断地聚集财富，扩大企业的影响力，为中国在国际舞台上发挥主导地位铺平道路。王健林毫不讳言自己的野心就是成为这个国家的象征，他说："将来做到 1000 亿、2000 亿美元收入，我不可能还是一个区域、一个国家的公司。"

曾经采访过王健林的《财富》杂志记者大卫·惠特福德说："王健林这样的人，野心的规模、渴求达成的目标，都不是我们能比拟的。我钦佩他充沛的精力和目标。很明显，对于万达来说，王健林就是整个宇宙的核心，这一点没有人怀疑。"

对于王健林来说，"中国首富"和"亚洲首富"都不是他的最终目标。如果不出意外，他必将在未来十年，向"世界首富"的位置发起挑战。

王健林在 2015 年年初召开的万达年度工作总结会上，就正式宣布万达将从一家房地产公司，转向一家以服务业为主的世界一流跨国企业。按照他的计划，万达商业地产要实行新的发展模式；同时加快发展文化旅游、金融产业、电子商务 3 个产业，到 2020 年彻底实现转型升级。而仅仅过了两年，万达就已经成为涵盖商业地产、文化旅游、金融业务和影视体育的综合性集团公司。

军人出身的王健林，具有很强的开拓精神和创新精神，在现代企业经营管理和房地产开发建设方面，都有着独到的建树。在他的带领下，万达经过近 30 年的发展，形成一个多业并举的综合性集团公司。在万达的创业历程中，"必须比别人快半拍"一直是王健林和万达人不变的操守。万达在大连率先从事旧城改造、在东北率先进行股份制改造、在地产界率先开创了"订单商业地产"模式、在地产界率先尝试"房地产信托基金"等，"快半拍"的策略，始终让万达走在业界的最前面，从而立于不败之地。

在外界给予的众多耀眼的头衔之下，王健林对"慈善家"这一封号尤为珍惜。2016 年 1 月 28 日，根据美国哈佛大学肯尼迪学院的统计结果显示，2015 年，中国内地最慷慨富豪榜上，王健林捐赠额达到 3.15 亿元，排名第二位。2016 年 10 月 16 日，全国脱贫攻坚奖表彰大会在北京召开，王健林以贵州省丹寨县精准扶贫模式，荣获了全国脱贫攻坚"创新奖"。

　　王健林在捐款做慈善的同时，还把支持青年创业作为慈善发展的方向，他说："我觉得，如果中国创业成功的企业家出现断代，可能对国家的危害比政策的失误更危险，所以，从这个层面讲，我愿意支持更多的青年创业。"他认为，只有更多的青年人创业，国家才有希望。从 2013 年开始，万达就启动了大学生创业扶持计划，并宣称这一计划将持续 10 年。扶持计划实施期间，万达每年投入 5000 万元创业资金，支持 100 名应届大学本科毕业生创业。王健林表示，在提供扶持资金的同时，还要提供创业指导，要保证大学生在万达创业基地内的创业成功率超过 95%。王健林说，大学生最重要的一点就是勇敢走出创业的这一步，不管谁来支持。

　　王健林有许多经典的演说和精辟的谈话，涵盖了他的创业之道、经营之道和为人之道，有对成功经验的总结，也有对失败教训的反思。他吃苦耐劳、意志坚定、脚踏实地、敢于担当、开拓创新、目标高远、雄才大略、乐善好施。他的演说和谈话，既是万达的创业史，也是他个人的成长史和思想发展史，对如何搞好创业、做好企业提供了重要的借鉴和参考。

　　让我们一起走近王健林及其一手打造的万达，在王健林的创业经历和万达发展历程中汲取营养、收获感悟、得到启发，为年轻人成长和创业指点迷津，提供帮助。

目录 CONTENTS

第三章　"快"是企业制胜、脱颖而出的法宝

第四章　创新求变，不能走别人走过的路

第九章 咬定目标不放松，要做就做第一

第十章 向我看齐，做一个有人格魅力的管理者

第一章

梦想和志向是成长的源动力

01　不管你做什么，一定要有梦想

梦想还是要有的，成长不能没有梦想。不管做什么事，都要有梦想和目标，并勇敢地付诸实践。小时候我有梦想，现在我还有梦想。我现在的梦想，就是把万达带到世界超级企业，成为一流的跨国企业，花二三十年的时间，一定要把中国的酒店品牌打到世界上去。

——王健林

出生在四川省广元市苍溪县元坝镇一户老红军家庭的王健林，从小就对解放军战士怀有一种说不出的亲切感。他喜欢看战斗电影，喜欢影片里扛枪打仗的军人。他常常与小伙伴们一起，拿着各种木头模型当作枪，学着电影里的军人朝着假想的敌人开枪射击，嘴里还经常高喊着"你们被包围了""缴枪不杀"等口号。那时，当一名解放军战士是他最大的梦想，甚至已经根深蒂固，不可动摇。

王健林说，他之所以梦想成为一名解放军战士，还有一个重要因素就是受了父亲的影响。

他的父亲叫王义全，是一位农民出身的老红军。王义全参加红军后，不仅参加了长征，而且参加了抗日战争和解放战争。新中国成立后，王义全光荣退伍，回到四川省广元市苍溪县的老家居住，并被组织安排做林业工作。不久，王义全在老家迎娶四川姑娘秦嘉兰为妻。婚后，夫妻俩生育了5个孩子，而且都是男孩，王健林就是五个孩子中的老大。一家人在四川省阿坝州的金川县生活了12年，而后又搬回了苍溪。

在孩子面前，王义全经常提起自己当红军战士时的难忘经历，尤其在讲到战斗时，总是慷慨激昂。久而久之，父亲就成了王健林心目中的英雄。

王健林是家中的老大，有四个弟弟。那时，大多数家庭都是大孩带小孩，大孩就相当于家庭幼儿园的"小保姆"。因此，对于王健林来说，肩上自然担负着照顾好四个弟弟的担子。虽然父母都有稳定的工作，但当时工资水平低，要同时养育五个像小老虎一样的儿子，绝非是一件容易的事情。

穷人的孩子早当家。每天父亲和母亲上班以后，白天基本上是由王健林来照看自己的四个弟弟，而且家里的许多事情，也是由王健林来打理。王健林不仅是父母的好帮手，而且是四个弟弟可以依赖的主心骨。

王健林觉得，人们在美好的少年时光里最容易做梦，也最爱做梦，几乎人人都怀有一个美好的梦想。有了梦想，就感觉人生有奔头，生活有奔头。尤其对于那些生活在20世纪五六十年代的少年来说，志愿军战士形象、雷锋精神、焦裕禄事迹等，都对他们产生了巨大的影响，在他们的心中形成了强大的驱动力。那时的人们，无论对学习、对工作，还是对生活，都有着极其饱满的热情。在这种热情的鼓舞和感召下，全国的城市和乡村都掀起了一轮又一轮劳动热潮。这样的劳动热潮，无疑对广大青少年产生了巨大的影响。

与众多同龄少年一样，王健林也梦想成为一名军人。这种梦想之中，也夹杂着他要到外面的世界闯一闯的强烈愿望。

王健林的老家苍溪县，位于四川盆地的北缘深丘、巴山东障、剑门西横、古称秦陇锁钥、蜀北屏藩。王健林回忆说："苍溪县处于四川绵阳、南充、广元、巴中等川北四大城市的腹心地带，自古以来就是古代州、郡的所在地，有着'蜀道明珠'的美誉。但是，只要去过四川的人就知道，四川盆地上虽然有许多美丽而奇妙的景观，人们的生活却非常清苦，即使到了现在，四川仍然有很多山区处于贫穷状态。"

王健林认为，在我国西部的一些城市，尤其是云、贵、川等地区的一些城市，与北方的一些城市有很大的不同。北方的一些城市，大多是以贸易集散地为中心聚集发展而成的；而西部的一些城市，有很多是根据当地的地形聚集形成的。原因是西部的山多，并且一座挨着一座，这就使得无论是城市，还是乡镇，大多处在山洼里，他的家乡苍溪县就是这样。由于山多的缘故，使得城市的上空经常被浓雾笼罩，即使站在最高的山顶上远眺，落入眼底的依然是一片灰蒙蒙的雾。因此，出生在四川地区的少年有着一个共同的梦想，那就是到外面的世界去看一看、闯一闯。

王健林在对美好梦想的热切期盼中，长成了一个 16 岁的少年。

父亲看着王健林一天天地长大，早已觉察了儿子的心事。虽然王健林已经成为父母不可缺少的生活帮手，但是，为了圆儿子的梦，父亲决定送王健林去部队当兵。

王健林在得知父亲的决定后，竟然高兴得好几天睡不着觉。他知道，父亲说话是算数的，他当兵的梦想就要实现了，可以像一只小燕子一样飞到外面的世界去闯荡一番。于是，王健林在 16 岁这一年，顺利地成为吉林省军区某驻地的一名军人，开启了他人生中的一次重要旅程。正是因为有了这次旅程，才造就了商业奇才王健林和无比辉煌的万达。

02　坚持到底，要有一种咬牙精神

我当兵走的时候，我母亲跟我讲，你要当"五好战士"。你父亲也是老军人了，你当兵要争取超过你的父亲。我就是依靠这种信念和坚持，才能在入伍后的第一年就当上了"五好战士"。所以，人做任何事情，没有一种咬牙的精神，没有一种一直坚持到底的精神，是不能成功的。

——王健林

1970年，16岁的王健林穿上了军装，告别了父亲、母亲及四个弟弟，从"天府之国"坐着火车一路北上，来到了东北的腹地吉林，成为一名解放军战士。

这是王健林第一次独自出门，也是人生第一次出远门，而且是从中国的大西北，来到中国的大东北，考验无疑是非常巨大的，毕竟当时他才16岁。

王健林是部队里最年轻的战士，所以，在部队里，上到排长、连长，下到班长、战友，都把他称为"娃娃兵"。

王健林生在"天府之国"，来到千里冰封、万里雪飘的东北大地，反差之大无须描述。虽然他在家乡四川一直体验着大西北式的农村生活，但部队的野营拉练远远要比农村生活苦得多。尤其是东北的气温很低，部队所在地吉林每年9月基本上进入了冬季，紧接着就会大雪封山，野营拉练的艰苦程度可想而知。部队所谓的野营拉练，就是把部队官兵拉到荒山野地里进行集中训练。那时，部队的训练多数还停留在对战士体能与适应环境能力的训练上，部队官兵绝大多数都是在茫茫雪原上徒步行走。

对于年仅16岁的王健林来说，这种强化的野营拉练考验的不只是体力，更是对意志的磨炼。

王健林在中央电视台《开讲啦》节目中作演讲时，讲了他在参加野营训练过程中发生的一个小故事。他说："如果按照正常训练强度，我们的定量伙食是够吃的。而艰苦又大强度的野营训练，定量伙食就不够吃了，大家几乎吃不饱。有一天，我当时的老班长对我说，小王，我给你说个事，但你首先要答应我坚决保密，我可以教你一个吃饱饭的招儿。我说我一定保密。部队那个时候吃饭用缸子，是很粗、很高又带把儿的搪瓷缸子。他说，开饭时你上去先盛半缸子，这样，你吃得再慢，你这半缸子也一定比别人一缸子吃得快。你比别人吃在前头，然后再上去盛第二缸子，这时你盛满满的一缸子，你就吃饱了。他说千万别先去傻傻地盛满满的一缸子，很多人都有这个心态，上去就先盛满，等再回过头来就没第二次了。野营训练的一路上，我真的靠老班长教我的这一招基本上顿顿吃了饱饭。"

王健林说："在野营训练的过程中，我亲眼看到一名排级干部坐在雪地上哭，说什么也不往前走了，嘴里还念叨着'党员，我不要了，排干部也不要了'。那种艰苦的环境，很多人都坚持不下来。最后，1000多人的团队，能完整走下来的，不到400人，其中就包括16岁的我。说句真话，我坚持走到了最后，靠的就是一种信念。我当兵走的时候，我母亲跟我讲，你要当'五好战士'。你父亲也是老军人了，你当兵要争取超过你的父亲。我就是依靠这种信念和坚持，才能在入伍后的第一年就当上了'五好战士'。所以，人做任何事情，没有一种咬牙的精神，没有一种一直坚持到底的精神，是不能成功的。"

这次野营训练，给王健林留下了终生难忘的记忆，以至于后来谈到自己创业如何取得成功时，他总会提起这段艰苦、充实而又快乐的时光，并把它称为人生影响最为重大的一件事。

后来，王健林在创建了万达后曾经说："凡是成功的企业家，都会有一个坚定的信念，就是相信我能做成功。即使失败五次、十次，甚至更多次，也不会害怕，接着再弄，接着再干，终究会获得成功。如果没有这种坚韧不拔的精神，没有锲而不舍的精神，永远不可能成功。"

王健林在搞电影院线的前两年，曾经亏得一塌糊涂。当时，有很多好心人都劝他不要再做电影院线了。这些好心人认为，全中国票房只有七八亿元，王健林做电影院线，即使占了20%的份额，也才一亿多元。无论怎么算，大家都觉得做电影院线不行。但是，王健林却坚定不移地对朋友说先做四五年，到时候不行再说。后来的结果证明，他的算盘没有打错。2016年后，电影院线热得不得了，吸引了许多投资人的目光。

2016年3月，王健林以287亿美元资产在福布斯富豪榜排名全球第18位，成为全球最富有的华人。进入21世纪以来，万达始终保持着高速发展的态势。而就在这期间，王健林的家人、朋友都时常劝他不要再打拼了，钱够花、够用就行了。但是，王健林依然坚持做着自己的事业——赚钱不是他奋斗的目的。

其实，王健林不是没赚够钱，而是想把万达做成世界一流企业。只要他心中的目标没有实现，就会一直坚持做下去。

03　养成终身学习的习惯至关重要

一个人，想要成就一番事业，必须养成终身学习的习惯。无论什么人，一旦养成这样的习惯，就根本无法停下自己思索的脚步，在他的内心深处，就会有一种声音在不时地召唤着他，激励着他，让他时时感到自身的不足，从而不断地进行学习。

——王健林

下面是王健林在创立万达前的学习经历。

20世纪60年代，王健林与父母住在四川省阿坝州金川县，先后就读于金川县东方红小学、金川县中学。

1971~1974年，王健林作为吉林省集安县鸭绿江边军营里的一名侦察兵，完成了辽宁大学函授班所有的学习课程，如期拿到了毕业证书。

1978年，王健林晋升为排长后，进入大连陆军学院学习；1979年，王健林以优异的成绩顺利毕业，并留在学院大队当参谋，后被调到学院的宣传处任职干事，负责动员学院的军士报考辽宁大学党政专修班。

1983 年，王健林进入辽宁大学党政专修班就读。1986 年，他以优异的成绩从辽宁大学顺利毕业，并获得了经济管理专业的学士学位，而后回到大连陆军学院管理处任副处长。

对于自己的学习经历，王健林说，他在部队的"大熔炉"里，靠学习改变了自己的命运。每结束一段学习，他的人生历程就会发生一些改变；而每当开启一段新的人生历程、感到知识缺乏的时候，他就会去学习。这足以说明，学习开启了他的新生活，新生活又让他自觉地投入学习。

后来，王健林深有体会地说：一个人，想要成就一番事业，必须养成终身学习的习惯。无论什么人，一旦养成这样的习惯，就根本无法停下思索的脚步，在他的内心深处，就会有一种声音不断地召唤着他，激励着他，让他时时感到自身的不足，从而不断地进行学习。

王健林在阿坝州金川县东方红小学就读时，是一个懂事听话、聪明活泼的孩子。他是家中的老大，在各个方面都要给几个弟弟作出表率来，带个好头儿。他的学习成绩，一直名列前茅，老师们都说他乖巧伶俐，各个方面都不让老师操心。他的学习习惯，都在那时养成。

王健林当兵的第一年，就被评为"五好士兵"，战友们都非常佩服他，"娃娃兵"的名声也因此火了起来。此后，王健林的优异表现总让战友刮目相看。

王健林于 20 世纪 70 年代初服役，国家正处在计划经济时期，各地的经济状况普遍比较落后，大多数地区连温饱问题还没有解决，吃饱饭还一度是很多人的梦想。对于普通老百姓来说，能够到部队当兵是一件非常幸福的事，因为部队里能吃饱饭。

但是，青春年少的王健林并没有因为天天能吃饱饭而感到满足。王健林觉得，相比地方的老百姓来说，部队的日子虽然好过一些，但业余生活与地方没有多大差别，除了没事时大家在一起聊聊天、唱唱军歌之外，几乎没有其他的事情可做。由于每天总是重复着单调的生活，王健林越发感到一种焦虑，他不甘心就这样浪费青春的大好时光。他总会想起母亲那语重心长的叮嘱，瞬间充满了勃发的精神。就是在这种精神的感召下，王健林为自己的人生做了新规划。

当时，辽宁大学正在搞函授班，王健林知道这个消息后，感到非常兴奋。他知道，参加函授学习，完全可以利用业余时间，不耽误部队的正常工作和训练。这种学习方式，正是他梦寐以求的。于是，王健林联络了几位志同道合的战友，在入伍的第二年，共同参加了辽宁大学的函授学习班，开始了艰苦而又富有挑战的求学之路。

虽然辽宁大学离他们所在的部队并不遥远，但是，由于身份和岗位的特殊性，王健林和他的几位战友无法去大学里面对面地听教授讲课，完全靠自学来完成教学进度。就这样，王健林和他的几位战友几乎把所有的业余时间都用在了函授班的学习上。

函授班的学习让王健林的业余生活一下子充实起来。尽管王健林当时才17岁，但他始终怀着青春的激情，梦想着要在部队里干出一番事业来。每天的学习，让他的求知欲望得到了空前的满足。部队虽然没有老师的指导，但拥有和课堂一样相对肃静的学习环境，每逢遇到难以理解的问题时，大家可以聚在一起研究解决，共同进步。在这种互助互补的学习过程中，王健林的学习效率不仅得到了明显的提升，还与几位战友结下了深厚的友谊。

经过3年的不懈努力，1974年，王健林完成了辽宁大学函授班所有的自修课程，拿到了毕业证。这一年，他还光荣地加入了中国共产党。双喜临门，让王健林深感欣慰。

也就是从那时起，王健林养成了热爱读书、终身学习的习惯，从而开启了他不寻常的人生之旅。

04　什么清华北大，都不如自己胆子大

人，要有一股子敢于接受挑战的闯劲儿。我说过，什么清华北大，都不如自己胆子大。我的意思是说，你读的书再多，水平再高，但在创业上既不敢闯，也不敢试，永远不可能获得成功。如何让年轻人在最短的时间内胆子大起来，没有秘籍可言，唯一的办法就是锻炼。

——王健林

王健林4岁时，就跟随父母告别了老家广元市苍溪县元坝镇，来到了阿坝州金川县，在金川县读完小学和中学后，进入金川县森工局下属的营林处，成为一名职工。这是王健林人生的首次就业，对他的父母，对他的弟弟，尤其对他这个年仅15岁的孩子来说，都是一件莫大的好事。但是，从军的梦想，驱使他在一年后放弃了营林处的工作，毅然决然地回到了苍溪县老家，报名参军。后来，王健林说："16岁那年，我完全凭着一股子初生牛犊不怕虎的闯劲儿，在父母的支持下，圆了当兵的梦想。"

来到部队后，王健林凭着一股闯劲儿，硬生生地拿到了辽宁大学函授班的毕业证。但是，他没有过于兴奋，而是坚定了向更高目标迈进的决心。他在得到了"五好战士"的荣誉和辽宁大学函授班的毕业证后，已经从战友心目中的"娃娃兵"历练成为一名合格的军人，早已不再是那个刚刚初中毕业就来到部队的"毛头小孩"了。4年的军旅生活，让他真正明白了军人的含义，那种敢于接受挑战的军人作风已经融入了他的骨子里。

此后，"不想当将军的士兵不是好士兵"这句话，渐渐成为王健林军旅生涯的主宰，也成为他不断向未来发起挑战的力量源泉。

王健林充分发挥自身头脑清晰、才思敏捷的个性特点，总是把各项工作做得尽善尽美。1978年，他被提升为排长，后来作为军区官兵的优秀代表，被选送到大连陆军学校学习深造。在学校里，王健林第一次真正接受了系统的军事理论学习，并以优异的成绩拿到了全日制大学的专科文凭。这次学习，为王健林"当将军"的梦想插上了一双新的翅膀。

1979年，王健林从大连陆军学院毕业后，由于成绩优异，留在学院大队任参谋。留校后，王健林没有骄傲自满，而是严格要求自己。他知道，学院大队的参谋一职对他来说无疑是一个巨大的挑战。于是，他把全部精力都投入学院大队的日常工作中，期盼通过具体的工作，来掌握更多、更全面的军事知识。

王健林坚信成功永远属于那些持续努力的人。由于工作干得非常出色，他被学院大队选调到宣传处任干事。这一工作对于王健林来说是全新而又陌生的，挑战摆在他的面前。王健林仍旧拿出了那股子闯劲儿，以极大的热情投入工作当中。就这样，王健林以埋头苦干的精神，走在了整个军区宣传干事队伍的前列，多次得到军区的通令嘉奖。

一个人取得一次成功尚属偶然，不断地取得成功就属于一种必然。王健林凭借个人的努力和虚心好学的本性，不断取得新的成绩。

王健林28岁时，就已经被提升为一名正团职干部。无论上级安排他做什么工作，他都能想方设法地把这项工作做好。在新的岗位上，王健林一边开展工作，一边学习相关的知识，逐渐对行政管理和财务管理工作有了深层次的了解。这些都对他日后创建和执掌万达打下了坚实的基础。

2013年4月23日，王健林做客中央电视台"开讲啦"节目时，有一个大学生问他："您有没有说过'什么清华北大，都不如自己胆子大'这句话？"

王健林回答说："我的确说过这句话，什么清华北大，不如自己的胆子大。我的意思是说，你读的书再多，水平再高，但在创业上既不敢闯，也不敢试，永远不可能获得成功。"

大学生说："您说的'胆大，脸皮厚，走遍天下有万达'这一句，我特别欣赏。"

王健林回应说："这句话，我似乎不是这么说的。我说的胆大，是创新，是敢闯敢试。我说的脸皮厚，是创业者初期不要怕求人，不要怕卑躬屈膝。如果你脸皮那么薄，这个也不敢求，那个也不敢求；这个不敢请教，那个不敢请教，怎么能成功呢？"

还有一个大学生问他说："我这个人胆子比较小，经常因为这个错失一些机会。有一次我们班选班干部，老师问了三遍，谁愿意当班长，然后我每次手都伸到这个位置，不敢伸，第三遍的时候，我刚要举手，我的同桌啪一下伸出手来，结果他就是班长了。所以我想问您，我们这些年轻人如何在最短的时间内提升胆量，您有什么秘籍吗？"

王健林回答说："这个没有秘籍可言，唯一的办法就是通过锻炼，有个闯劲儿。"

05　只要看准了，就要果断地做出决定

任何决定，只要看准了，就要果断地做出，不能拖泥带水。我转业的那一年，已经是一名拥有 17 年军龄的老兵了，一个老兵主动做出告别部队的决定，是需要很大勇气的，但我的转业决定却做得极为果决。虽然当时不少领导曾在私下里做过我的思想工作，但我一直没有改变自己的决定。我之所以坚定地转业，一来是从国家的大局出发，再就是相信自己转业到地方也一定能够干好。

——王健林

1986 年，王健林从辽宁大学党政专修班毕业，获得了经济管理专业的学士学位。回到部队后，被任命为大连陆军学院管理处副处长。这个职位，是个名副其实的正团级职位，再次说明部队上级领导对他的高度欣赏和足够信任。

也许，有过从军经历的人都知道，部队的生活虽然相对单调，甚至枯燥，

但是作为职业军人，尤其是职业军官，他们把自己最美好的青春奉献给军队建设和国防建设的同时，也在无形之中，对部队产生了一种深厚的感情，难以割舍，无法释怀。而有着 17 年军龄的正团级职位的王健林，对部队的感情更是深厚。

那时，王健林在部队里面临去留的抉择，是因为中央军委做出了一项令世人瞩目的决定：中国人民解放军减员 100 万人。此时，王健林在部队里正干得顺风顺水。他所掌握的知识越来越全面，经验越来越丰富，对自己的前途越来越充满信心。"转业"这个词语，似乎离他非常遥远。

这种裁军与平常的退伍转业有着本质的不同。正常的退伍或转业军人、军官都事先知晓，有一定的心理准备，但裁军的命令下来，各军区根据自身的整体情况而具体决定减员对象。这也就意味着，在一个部队里，谁都有被裁的可能，说不准谁会在下一秒脱下军装，因此，每一名战士都心事重重。

王健林 16 岁时离开家乡，带着美好的梦想来到了部队，成为一名军人。通过自己不断的努力，在部队的大学校里一点一点地成长起来，最终成为一名正团职的军官。可正当他铆足劲儿向新的目标迈进时，裁军的命令下达了。面对裁军，王健林这样问自己：真的不穿军装了，我能去哪里？我能做什么呢？

但是，没过多久，王健林就想明白了。他觉得，海阔凭鱼跃，天高任鸟飞，只要自己努力，在哪都能干出一番事业来。自己的父亲就曾经在部队转业了，并且在新的工作岗位上干得很好。

王健林明白这一点后，对裁军表现得十分淡定，他的工作没受到丝毫影响，还比以前做得更好了。其实，王健林根本不会被部队列入裁减的名单之列，而且王健林也多多少少得知了一些与此相关的消息，他本该放下心来好好地在部队里干下去。但是，王健林却果决地作出了一个几乎令所有人都感到意外的决定：响应中央军委的"裁军"号召，申请转业。

王健林后来说："任何决定，只要看准了，就要果断地做出，不能拖泥带水。我转业的那一年，已经是一名拥有 17 年军龄的老兵了，一个老兵主动作出告别部队的决定，是需要很大的勇气的，但我的转业决定做得极为果决。虽然当时不少领导曾在私下里做过我的思想工作，但我一直没有改变自己的决定。我之所以坚定地转业，一来是从国家的大局出发，再就是相信自己转业到地方也一定能够干好。"

就这样，王健林毅然脱下了自己穿了 17 年的军装，来到大连市西岗区，担任西岗区人民政府办公室主任。同时，他也把 17 年军旅生涯磨砺出来的品格和积累的经验带到了新的岗位上，如强健的体魄、顽强的意志、坚韧的性格、正直的品质、勇于学习的精神、丰富渊博的知识、果敢处事的能力等。这些，对于王健林而言，都是一笔取之不尽、用之不竭的宝贵财富，也是他后来创建万达、成就万达的有力保障。

王健林的决定是果断的，毫无拖泥带水。试想，如果他当时没有主见，顺水推舟，留在部队，也一定干得很好，军职也会一升再升，成为一名优秀的军官，甚至一名优秀的将军。但是，中国乃至世界的工商界，就必然缺少一位纵横驰骋的神奇领袖，也不会出现屡创奇迹的万达帝国。尽管王健林转业后所走的创业之路并不平坦，但是，他那血管里流淌着的军人气概，却时时激励着他、鞭策着他，让他创造了一个又一个商业奇迹。

王健林转业地方之后，总能在适当的时期，适当的地点，果断地做出适当的决定。1988 年，他果断决定，来到大连市西岗区住宅开发公司担任经理。1992 年，他果断决策，将大连市西岗区住宅开发公司改制，成立了大连万达房地产集团公司。

　　王健林在一次商业地产行业的内部培训讲话中说："万达刚刚从事商业地产的时候，因为自己不懂规划设计，失误较多，走了许多弯路。在从事商业地产前3年多的时间里，我们当了222回被告，成天忙于打官司，相关业务无法正常推进。我们有的同事甚至都哭了，苦苦地劝我专注搞住宅地产，不要再搞商业地产。在这种情况下，我跟他们提出，我们的团队再坚持两年，也就是我们坚持把商业地产做满五年。做满五年后，如果我们还是这么跟头把式的，就一定撤出商业地产。就是这种坚持，万达推出了第三代万达广场这种设计。随着上海的五角场、宁波的鄞州、北京的中央商务区这三个广场的开业，奠定了我们坚持从事这个行业的信心。"

06 做少数人支持、多数人反对的事

我们盖购物中心，觉得光靠卖东西是不行的，于是搞起了电影院。想获得超额利润，想赢得比别人更快的发展步伐，一定要敢于去做别人不敢做的事情。所有人都认为，能赚大钱的行业你一定不能进，只有少数人认为能做、多数人认为不能做的事情，你才能获得超额利润，所以说，真理掌握在少数人手里。我们进入一个行业就一个目标，要么做中国第一，要么就做世界第一。企业如果没有雄心壮志，没有在某一个关键时刻跳出原有产业的束缚不断地去升级，就不可能有发展。

——王健林

熟悉王健林的人都知道，他是一个不循常规创新路的人。

1986年，王健林刚刚担任大连陆军学院管理处副处长不久，就响应"百万大裁军"的号召，转业到地方，担任大连市西岗区政府办公室主任。当时，他年仅32岁。而正当他在大连市西岗区政府办公室主任位置上干得顺风顺水的时候，34 岁的王健林却做了一个令人不解的决定，去接手濒临破产的西岗住宅开发公司，做一些房地产的开发项目。

王健林的决定做出之后，摆在面前的首要问题就是需要筹集 100 万元的注册资金。万般无奈之下，王健林最终采取了一个非常手段，向一家国企借了高利贷，年利高达 25%，而且必须在 5 年内还清。

当时，王健林身边的许多朋友都认为搞房地产开发项目风险太高、投资太大，看不到什么前景。王健林却说："没有风险，哪来的成功？"

后来，王健林说："一件事如果周围的人都同意你去做，那你千万别做；如果只有少数人认为可以做，这少数认可的人中，还有一部分人没有胆量去做，那你就可以去尝试。"

1988 年，搞房地产开发项目，还需要到政府去拿指标。由于王健林刚刚涉足房地产业，与圈子里的人不熟悉，自然拿不到房地产的开发项目。这时，大连市西岗区的一个旧城改造项目无人愿意接手，让王健林看到了希望。当时旧城的改造成本为每平方米 1200 元，而同期大连房价最高为每平方米 1100 元。但王健林仍毛遂自荐，揽下了旧城改造项目，因为他有自己的打算。

在王健林的精心策划下，房子的暗厅改成明厅、每户配洗手间、装铝合金窗、安装防盗门……这些改进，在当时看来是很前卫的。后来王健林回忆说："那个时候，只有局级干部的住房才可以配备洗手间，因为这个问题，我还差点儿被纪委调查。"

没想到，这个旧城改造项目总共开发了 1000 多套房子，在短短的两个月之内，就以每平方米均价 1580 元全部售出，而大连的同期房价最高为每平方米 1100 元。王健林以每平方米 1580 元的价格售出，简直是天价。而实际上，由于王健林精打细算、节省开支，每平方米楼房的造价还不足

1200元。就这样，敢于冒险的王健林淘到了人生的第一桶金。

王健林深有感触地说："如果当初听信朋友们的劝说，放弃搞房地产开发项目，也许就不会有现在的万达和王健林。"

自王健林成为万达董事长以来，似乎在不断地做"加法"。2003年开始，王健林宣布进军电影业。这一举动，引来了业界人士的广泛质疑，认为他这是贪图虚荣，不能得到实实在在的经济利益。

而在王健林看来，投资电影业只是在做"相关多元化"。他说："我们盖购物中心，觉得光靠卖东西是不行的，于是搞起了电影院。想获得超额利润，想赢得比别人更快的发展步伐，一定要敢于去做别人不敢做的事情。所有人都认为，能赚大钱的行业你一定不能进，只有少数人认为能做、多数人认为不能做的事情，你才能获得超额利润，所以说，真理掌握在少数人手里。"

王健林坦言，一开始做文化产业是被动的，觉得购物中心光靠卖东西是不行的，于是就想搞电影院、歌厅、电子游戏。形成规模后，院线给万达带来了可观的净利润。之后就产生了文化自觉，并把它当成一个产业来做。他说："没想到，我们进入的时点是中国文化产业的最低点，当时电影票房全国只有8亿元。如今，院线的净利润率是17%，超过地产主业，并且文化产业能获得更多的政策支持。"按照王健林的转型计划，到2020年万达商业地产的收入比重将降到50%以下，文化和旅游是其两大投资方向。

王健林总能做出让人感到不可思议的事情。2009年年初，受经济危机的影响，大部分房地产企业选择了收缩，可万达却偏偏逆市扩张。当时，王健林认为："中国没有出现全面危机，只是进出口暂时遇到困难，中国经济会很快恢复，并保持较快增长。"

由于敢于逆市拿地，且拿地后立即动工，万达出现了业绩翻番的局面。结果，仅仅在一年半之后，万达的销售额就同比增长了 200% 以上。其中，万达旗下的核心支柱企业和计划上市平台的万达商业地产股份有限公司，实现房地产合同销售面积 278.8 万平方米，合同销售金额 334.4 亿元。而销售额的一半以上，来自于商铺、写字楼等非住宅类物业。

王健林公开表示："我们进入一个行业就一个目标，要么做中国第一，要么做世界第一。企业如果没有雄心壮志，没有在某一个关键时刻跳出原有产业的束缚不断地去升级，就不可能有发展。"

第二章

发现商机，多大的投资都在所不惜

01　干事不怕吃"闭门羹"

当初，我为了借点钱，跑了几十家银行，却没有一家银行愿意贷款给我。找银行行长 50 次，每次都躲猫猫。我就守在走廊等行长出现，等了 9 天 9 夜。晚上蹲走廊，白天堵行长。想贷款，想干事，就不怕吃"闭门羹"。

——王健林

王健林担任大连市西岗区政府办公室主任的第一天，就遇到了一件非常棘手的事情，甚至让他感觉完全失去了做人的尊严，人生第一次体验到了吃"闭门羹"的滋味。

许多人都知道，大连是北方的一个海滨城市，素有"北方香港"之称。而西岗区政府坐落于大连市区的繁华区域，办公环境非常好。王健林上班的第一天，感到心情非常舒畅。

可是，临近吃午饭时，王健林却发现，有很多同事不在区政府的食堂吃饭，而是到政府外面去吃。同事们的行为，让王健林感到非常纳闷。于是，王健林就问身边的一位同事："为什么他们都到外面去吃，而不去食堂吃？"王健林这才知道，原来区政府没有食堂。没有食堂不是因为区政府办不起，而是区政府不通煤气。

让王健林想不通的是，堂堂的区政府，怎么就通不了煤气呢？这个问题，只要和液化气站协商一下，不就轻松地解决了吗？可不知为什么，王健林身边的同事，几乎没人知道区政府大院为什么不通煤气。从此，区政府大院通煤气的问题，就挂在了王健林的心上。

王健林找区政府里的老同事了解情况，终于弄清了事实的真相。原来，区政府大院通不了煤气是因为区政府的有关部门根本就没有办下使用煤气的手续。也就是说，在使用煤气方面，区政府大院还是一个没有户口的"黑户"。"黑户"，就自然享受不到正常的煤气供给。

于是，王健林自信地认为这事不难办，只要遵照液化站的规定办事，完全可以取得使用煤气的手续。

经过多方联系，王健林最终与市煤气站负责安装煤气的一位总工程师联系上了。可与这位工程师接触后，王健林发现，这位工程师听说他是西岗区政府的，竟然一摆手，不再搭理他了。王健林几次找他，都是徒劳而返。于是，王健林就在私下里琢磨：这位总工程师为什么会这样呢？

之后，王健林只要有时间，就往这位工程师所在的单位跑。他心里有一个目标，就是把政府大院不通煤气的问题尽早解决。但是，这位工程师就是不给王健林的面子，一直不正面接触他。

不久，王健林终于打听到了这位工程师的家庭住址，这让王健林很高兴，决定登门拜访。但是，当王健林找上门后，这位工程师一见是王健林，"砰"的一声就把门关上了。

王健林不灰心，有时间就厚着脸皮到这位工程师的家里去。经过三番五次的敲门后，这位工程师终于被王健林的诚意打动了，道出了实情。

原来，在区政府刚刚建成时，一位区政府办事的工作人员找到这位工程师商谈接通煤气的事。当时，这位工程师正忙于处理其他事情，有点儿怠慢了对方。结果，对方就发火了，说话十分难听。于是，两个人就针尖对麦芒，彼此产生了怨恨。虽然西岗区政府后来也派人就此事与工程师洽谈，可越谈越让这位工程师恼火。于是，这位工程师一气之下，只要一听说是西岗区政府的人找他，干脆连见都不见了。

工程师被王健林的诚意打动了，决定冰释前嫌。就这样，王健林用了不到一个月的时间，就办完了西岗区政府使用煤气的手续。王健林办完了许多人3年没能办到的事情，在西岗区政府引起了很大的轰动。

不久，西岗区政府就有了自己的食堂，大院里的工作人员再也不用到外面去吃饭了。

2002年，万达开始尝试由住宅地产向商业地产转型。与住宅地产不同的是，做商业地产需要合作伙伴。于是，王健林首先盯上了世界500强企业——沃尔玛。最初，王健林不知吃了多少"闭门羹"。但他厚着脸皮，无数次地登门拜访，最终说服了沃尔玛，达成了合作协议。

然而，此一时彼一时，万达早已今非昔比了。如今，与万达合作的名单之中，除了沃尔玛，还有麦当劳、芝华士、优衣库等全球数百家知名企业。而且，已不是万达追着沃尔玛等知名企业，而是万达在哪里，沃尔玛等知名企业就跟到哪里。

当年，王健林曾为借钱跑了几十家银行，可没有一家愿意贷款给他。2016年1月，王健林在万达年会的工作报告中表示："万达金融集团将在3年内颠覆传统信贷模式，颠覆银行嫌贫爱富的嗜好，无须抵押就可以贷款。"

王健林的"宣言"不知让他等了9天9夜的那位银行行长能否听得到。

02 "烫手山芋"，就是最好的机遇

未来一定是互联网金融与实体经济的结合，线上线下的融合，这才能够真正为互联网的发展，为我们万达实业的长期持续发展找到方向。万达要通过互联网金融的方式实现轻资产转型，旗下万达金融要充分利用万达独有优势，与万达商管、万达电商结合，搞真正的互联网＋金融。对于以搞房地产起家的万达来说，互联网＋金融无异于一个"烫手山芋"。其实，"烫手山芋"，就是最好的机遇。

——王健林

在王健林的心目中，始终有一个坚定不移的处事原则，就是"临渊羡鱼，不如退而结网"。对于看准了的事情，王健林总是不失时机地动手去干。他觉得，蛋糕是实实在在做出来的，绝不是梦想出来的。应该抢抓机遇，事先集思广益，共议怎么尽快做成、做大蛋糕，而不应该煞费苦心、绞尽脑汁地争论如何来分割、分享蛋糕。

王健林自创办万达以来，总是敢于做第一个吃螃蟹的人，善于发现和捕捉一切稍纵即逝的机遇，做到该出手时就出手，从而实现了企业的健康快速发展。

2015年12月末，被王健林一度视为"烫手山芋"的万达电商，与万达的其他产业一样，非常具有创新特色。依托万达雄厚的线下优势，万达电商快速实现了线上线下融合，呈现出良好的发展势头。

2016年1月，王健林在以全球华人新首富身份讲话时说："未来一定是互联网金融与实体经济的结合，线上线下的融合，才能真正为互联网的发展，为我们万达实业的长期持续发展找到方向。万达要通过互联网金融的方式实现轻资产转型，旗下万达金融要充分利用万达独有优势，与万达商管、万达电商结合，搞真正的互联网＋金融。对于以房地产起家的万达来说，互联网＋金融无异于一个'烫手山芋'。其实，'烫手山芋'就是最好的机遇。"

万达并购"快钱"后，隆重推出了众筹项目"稳赚1号"。这一项目，成为万达的互联网金融试刀之作。结果，仅仅用了3天时间，就秒杀了50亿元资金，创下了全球众筹行业的全新纪录。

万达并购的"快钱"，除了自身具备综合化支付平台、服务中小企业的融资产品之外，还上线了多款高收益的理财产品，并结合万达各类应用场景，为消费者和企业提供包括理财、融资信贷、应用在内的综合互联网金融服务。

对于军人出身的王健林来说，万达涉足的所有产业都是"烫手山芋"。在进军文化产业时，王健林说："要做大做强文化产业这个'烫手山芋'，加强影视控股、体育控股、旅游控股，以及加大儿童娱乐项目的投入，并做好海外并购项目管理，尤其要加速海外项目在国内的落地。"

早在 1988 年，王健林就出人所料地接手了一个"烫手山芋"，让身边的同事惊呼"不可思议"。

王健林转业到西岗区政府后，通过为政府大院接通煤气办食堂这件事，赢得了广大机关干部的一致好评，领导层面更是对他赞赏有加。刚刚 30 几岁的他，照此势头发展下去，前途不可限量。

但是，王健林做出了一个出人意料的决定：放弃办公室主任的职位，主动请缨，去做"三产（第三产业的简称）"的经理。当时，由于体制的问题，政府部门搞"三产"，所用人员几乎都不是国家编制人员，待遇也远远比不上政府工作人员。对这些情况非常清楚的王健林，做"三产"的态度非常坚决。他说："多年在部队的经历，已经让我习惯了面对困难，而在机关办公室里坐着，过着安稳的日子，总是觉得浑身不自在。"

恰恰在这时，西岗区政府下属的住宅开发公司由于历史的原因，负债数百万元，几乎到了破产的边缘，成了一个让区政府领导头痛的"烫手山芋"。在 20 世纪 80 年代，100 万元对于一家区属企业来说，几乎是一个天文数字。但由于公司是西岗区政府成立的，如果公司破产，就会出现一系列连带问题。因此，西岗区政府在迫不得已的情况下，面向社会公开招聘公司经理。

区政府办公室主任王健林主动请缨，接手住宅开发公司这个"烫手山芋"，出任公司经理。

王健林的挺身而出，让西岗区政府领导大为惊喜。但是，区政府领导们担心的是，如果让王健林去接手这个"烫手山芋"，万一像其他人一样"兴冲冲而去，灰头土脸而归"，对他的前途必将产生负面影响。但在王健林的强烈坚持下，西岗区政府最终决定，任命王健林为西岗区住宅开发公司的经理。

王健林之所以敢于站出来接住宅开发公司这个"烫手山芋"，是因为他喜欢挑战，困难可以激发奋斗的热情。在王健林的意识中，只要努力，就没有办不成的事。

王健林上任后，很快弄清了企业亏损的原因——管理不善、制度松懈。经过一番改进，西岗区住宅开发公司摆脱了困境，重获新生。西岗区住宅开发公司这个"烫手山芋"，成为王健林走向成功的最佳机遇。

03　到了黄河心也不死

人常说："不到黄河心不死，不撞南墙不回头。"我不一样，我到了黄河心也不死，我可能搭一个桥就过去了；撞了南墙也不回头，我找个梯子就爬过去了。

——王健林

"不到黄河不死心"用来形容不到无路可走的地步是不肯死心的，比喻不达目的不罢休。

在现实社会中，人们在谈论起某些事情时，往往就会拿"不到黄河不死心"来说事，意思是说，一个人，一旦知道自己达不到某种目的，就该死心了。有时，也形容一个能力非常低下的人，本来没有做成某一件事情的能力，却非要去做那一件事情。于是，人们往往对这种人评价说，你真是"不到黄河不死心"。

可是，王健林却把"不到黄河不死心"，演绎成了"到了黄河心也不死"。王健林的意思是，一个人在创业的关键时期，即使到了"黄河"，也不会"死心"，希望，总是会有的。

人就是这样，做某一件事情时，意志和信心起着非常重要的作用，甚至是决定性的作用。意志垮了，信心丧失了，创业的激情就随之烟消云散，成功就无从谈起。一个取得采矿权的企业老板，按照地质部门提供的探矿资料进行采矿作业，结果，他一次次地追加投资，都没采掘到实际的矿藏。这个老板似乎很识时务，断定地质部门提供的探矿资料有误，自己已经"到了黄河"，应该"死心"了。于是，这位老板就以非常低廉的价格，将采矿权转让给了自己的一位合伙人。这个合伙人听信了地质部门的话，继续沿着原来的开采巷道实施采矿作业，结果，仅仅过了半个月，高品位的矿石就被开采出来，让先前那位老板后悔得捶胸顿足。

其实，对于一个企业来说，目标无法达成的一个重要因素就是自我放弃。对于所有的创业者来说，放弃是一件非常容易的事情，而坚持很难。

毫无疑问，不管怎样坚持，不管坚持多久，创业之路都不可能一帆风顺。不可否认的是，任何事情坚持去做，才有成功的可能。在困难和危机面前，王健林从来不言放弃。他说："第一，敢闯敢试。不管你做什么，一定要有梦想、有目标、敢去做。你去做起码有一半儿的机会，不去做机会为零。第二，创新求变。做与别人一样的事情，只能获得平均利润；只有做跟别人完全不一样的事，才能获得超额利润。第三，坚持到底。不到黄河心不死，不撞南墙不回头，我不一样，我到了黄河心也不死，我可能搭一个桥就过去了；撞了南墙也不回头，我找个梯子就爬过去了。"王健林能够取得今天这么大的成就，成为中国的首富，就在于他知道什么对自己是最重要的，怎么做才最重要，然后采取相应的行动，不达目的誓不罢休。

王健林就是王健林，他在官司缠身的那几年，执意投资足球的那几年，都是以"到了黄河也不死心"的心态一路走了过来，成功之时不得意忘形，低谷之时不心灰意冷。

万达在发展过程中遇到的艰辛与坎坷，也许是常人难以体会的。然而，无论境遇怎样艰难，倔强的王健林都坚强地挺了过来。每个人在一生中，都会遇到各种各样的困难和痛苦，王健林总能在绝境中求得一线生机。坚持到底，"到了黄河也心不死"，成为王健林摆脱困境、谋求成功的杀手锏。

04 困境中要挺直腰杆不趴下

我是一个坚定主义者。我按照既定目标搞商业地产，一度出现前所未有的困难，打几百场官司。当时，公司里从总裁丁本溪到其他同志都劝我放弃商业地产。我自己也确实考虑了很久，但最终还是坚持了下来。我想，我们一直搞住宅开发，如果有一天房地产发生系统性风险，或者有一天这个规模终结了，那我们该怎么办？最后，我还是决定做商业地产，并坚定不移地做下去。

——王健林

王健林认为，一切成功的起点都是梦想使然。在将梦想变为现实的过程中，意志坚定，困境中挺直腰板，是实现梦想的重要保障。只有意志坚定的人，才能在不利的局面下，理智地朝着梦想的目标迈进。而那些缺乏坚定意志的人，总是梦想强烈而意志脆弱。这些人在不利的局面下，会听任脆弱的意志摆弄自己，直到自己追求的目标成为一种回忆。

对于"最困难的时候是否想过放弃"这一问题，王健林在接受《时代周报》

记者的采访时说："我是一个坚定主义者。我按照既定目标搞商业地产，一度出现前所未有的困难，打几百场官司。当时，公司里从总裁丁本溪到其他同志都劝我：你看咱们公司的住宅卖得那么好，只要咱们把地搞到手，钱就确保挣到手了，你何必还要去搞商业地产呢？当时，我确实考虑了很久，是不是路子走错了？但是，一种不放弃的想法还是占据了上风。我想，我们一直搞住宅开发，如果有一天房地产发生系统性风险，或者有一天这个规模终结了，那我们该怎么办？我们是民营企业，那时候正厅、副厅的干部都跟着我干。你看老丁，中远房地产集团的总裁，还有好多人后来跟着我了。我想，我怎么才能对得起这些弟兄？所以，我一定要找一个靠谱的东西。另外，其他方面我们也试过了，搞超市公司、搞医药、搞电器厂等，最后大家都觉得不靠谱，卖掉了。最后，我还是决定做商业地产，并坚定不移地做下去。"

在王健林看来，成功本身是非常诱人的，但追求成功的过程却十分艰难。要想享受到成功的喜悦，你就必须是一个坚定主义者。追求事业的过程总是充满波折，最初它可能会让你看到成功的曙光，但到了关键时刻，总有一些你意想不到的困难来阻挡、动摇你的意志。所以，要想成功，必须要坚定。有些时候，正因为很多人在困难面前动摇了，结果成功就属于别人了。

王健林说："一个人，尤其是创业者，不要在取得成功时得意忘形，遭受失败时垂头丧气。没有一个人一上来就成功，并一路顺风。这样的人，也许在大千世界当中有那么一两个，但那绝对是意外。"王健林是一个敢于面对失败、善于面对失败的硬汉子。失败虽然给他带来了许多的苦恼，但也磨炼了他的意志，激发了他的斗志。王健林始终认为，失败没有想象中的那么可怕，可怕的是不知道以什么样的态度去面对失败。每一次失败都孕育着成功的希望，每一次失败都能获得许多宝贵的经验。

万达的成长历程充分展示了发现商机、把握商机对企业成功的重要性。在万达所经历的几次大的转型中，最让业界钦佩的就是转型做商业地产这件事。万达之所以在住宅开发非常红火的时期，毅然决然地选择做商业地产，最主要的原因是王健林要做百年企业。在做百年企业这一目标的引领下，王健林不断研究企业发展所面临的形势，以便更好地发现商机、抓住商机。他在反复的研究和思考中，作出了这样一个判断：住宅项目最大的瓶颈在于土地资源是不可再生的，随着住宅的开发规模增大，中国可供开发的土地资源必将越来越少，到一定时期，开发商就会面对"巧妇难为无米之炊"的困局。有了这样的一个判断，王健林觉得，万达早做转型打算，选择一条更为宽广的道路，而商业地产的可持续经营，完全符合万达的战略目标。于是，他就带领着万达，由住宅地产向商业地产转型。后来的事实充分证明，万达的这次转型是十分成功的。用王健林自己的话说："我们放弃了一块树木，结果赢得了一片森林。"

万达转型商业地产的成功，充分展现了王健林面对复杂商业局势所表现出来的异于常人的魄力。如今国内商业地产的机遇，王健林早在 2002 年就已经清醒地意识到了，并为之放弃了一部分做得不错的住宅项目开发。当时，万达是大连市最大的区域型住宅开发商，但是王健林毫不犹豫地选择了放弃。这得益于其高瞻远瞩的远见。

王健林是一个有远见的人，他凭借这种无形的智慧，最先在商业地产领域洞察到了未来的商机，把握了时代发展的脉搏，获得了别人难以企及的成功。

不管万达如何转型，建立百年企业的目标从未改变。困局面前，其实也有很多机会，有的机会是突如其来的，有的机会是被创造出来的，只要在困局面前有足够的勇气、睿智的头脑、敏锐的观察力和判断力，自然可以把握机会。如果再有高瞻远瞩的远见，就能提早进行防范，避开风险。王健林深知这一点，并坚信自己一定能够成功，如果没有机会，就创造机会。

对于企业经营者来说，坚持求变也是坚持内涵的一部分。王健林的成功，不仅在于他坚持把万达当作一个企业来经营，而且把它作为一项事业来追求。所以，王健林的万达帝国也在不断地改变。

05 把命运拴在自己的裤腰带上

我们做了几个万达广场后，就发现设计院不会设计万达广场，尤其是广场购物中心的设计问题更显突出。购物中心这种项目，国内没有一个设计院能做好。国内的设计院主要是设计住宅或者百货店，不会设计购物中心。没办法，我们只好去请澳大利亚、美国的公司来设计。这样做带来两个问题、一是设计费用高，增加地产成本；二是设计时间长，跟不上万达的发展速度。于是，我就思考，如果把商业地产作为我们的终生追求，作为企业的核心价值，就一定要有自己的规划设计院和管理公司，不能把自己的命运拴在别人的裤腰带上。

——王健林

作为中国民族企业的杰出代表，万达自成立以来，审时度势，抢抓机遇，该出手时就出手，始终牢牢地把握着生存和发展的主动权。万达立足于大连，放眼于辽宁，再放眼于全国，最终放眼于世界。王健林最崇尚的一句话就是"我的事情我做主"。事实上，王健林无论做什么事情，都牢牢地把握着主动权。而这种主动权，建立在深思熟虑的基础之上。

2012年4月25日晚7时，王健林应邀前往清华大学，在清华大学经济管理学院企业家讲堂上，发表了题为《创新与竞争优势——以万达为例》的专题演讲。当天晚上的讲座在清华大学伟伦楼举行，能容纳400多人的报告厅座无虚席，前来听讲的学生甚至席地而坐。其中，也有不少外校的大学生慕名而来，倾听王健林的精彩演说。

在演讲中，王健林将大连万达的发展历程、管理模式、创新思维和竞争优势做了详细的介绍，重点在创新方面讲述了万达成功的制胜法宝。

王健林在演讲时说："从2003年开始，万达就成立了自己的规划院和商业管理公司。万达商业规划院专门从事购物中心和五星级酒店设计。商业规划院有200多人，可以独立完成购物中心和五星级酒店的设计，从建筑、结构、装饰、机电等方面都能够独立完成。这样做不仅节省成本，更重要的是，万达拥有自主知识产权，掌握了核心竞争力。"

王健林在演讲中指出，万达能迅速发展，一方面顺应了国家发展的大趋势，另一方面拥有敢闯敢试的创新精神。他鼓励在场的学子们要勇于创业，敢于创新，并结合万达20多年来的实践经验，证明敢闯和勤奋是事业成功的根本原因。

在演讲中，王健林重点讲述了万达组建规划设计院一事。他说，在万达转型商业地产的初期，发现在国内很难找到能够设计万达广场的设计院。当时，设计院大多都是设计住宅或百货商店的，不会设计购物中心。无奈之下，万达只能向国外的设计院求助。于是，万达慕名邀请澳大利亚和美国的一些公司来设计万达广场。这样做，设计效果上来了，但一些问题也随之暴露出来。请国外的公司来设计，不仅设计费用高，更重要的是设计时间过长，难以跟上万达的发展速度。

面对这一问题，王健林主动求变。他认为，既然万达已经把商业地产作为终生事业，就应该有自己的规划设计院和管理公司，掌握规划设计的主动权，不能总是把自己的命运拴在别人的裤腰带上。就这样，万达商业规划研究院有限公司于2007年宣告成立。当时，万达商业规划研究院有限公司是全国唯一一家从事商业项目规划设计的机构，也是唯一一家进行全过程管控的技术管理和研究的机构。

王健林介绍说，万达商业规划研究院擅长商业业态规划及大型购物中心、五星级酒店等大型公共建筑设计，是万达的技术管理部门。万达商业规划院成立后，对万达广场的快速发展起到了强大的支撑作用。王健林风趣地说，中国的企业管理中，有这样一种说法：三流企业卖产品，二流企业卖品牌，一流企业卖标准。万达商业规划研究院先后为国家公安部、住建部、商务部制定了中国购物中心的消防规范、评价标准、管理标准等，充分体现了万达在行业中的地位。

万达商业规划研究院可谓人才济济，仅仅5年时间，公司的专业设计人员从最初的10人发展到400多人，成为万达最忙的部门之一。规划研究院的员工，都是兼具建筑设计及房地产公司商业管理经验的复合型人才。其中，各专业注册人员占员工总数的50%，远远高于全国大型设计机构中的平均水平。拥有高级技术职称者占员工总数的29%；研究生以上学历者占员工总数的25%。毫无疑问，万达商业规划研究院成为万达的核心竞争力之一。

万达商业规划研究院团队是一个出成果的团队。公司在为万达武汉楚河汉街项目做设计时，经王健林修改的规划图就达22个版本。万达的武汉汉秀项目要设计一个重200吨的机械臂，这个机械臂要承载3个7吨重的

LED 显示屏进行自由移动和组合。最初，这个机械臂的设计，打算聘请顾问公司来做的，但后来，还是由万达商业规划研究院特种机械所自己研制的，造价低、工期短、安全性高。除了机械臂，武汉汉秀的水下机械系统也是万达商业规划研究院的专利产品。

在王健林的支持鼓励下，万达商业规划研究院始终秉承"求实、求是、求精，安全、品质、节能"的理念，不断提升公司的管理和技术水平，坚定不移地朝着具有国际影响力的商业规划设计专业机构的目标迈进。有了规划设计院，万达在设计规划方面，真正做到了把命运拴在自己的裤腰带上。

06　眼观六路，强化风险控制意识

我曾经给发展部门定下了一个规矩，3 年之内，每年开店不准超过 20 家。在外人看来，一年开 20 家店已经很了不起了，其实，如果我愿意，一年开 40 家店也是有可能的，因为我们有钱、有地。我之所以这样做，是为了更好地实现风险控制。

——王健林

2014 年 5 月，万达制定出台了《项目财务负责人管控风险点及应对措施》，分为融资、资金管理篇、回款管理篇、指示管理篇、税务管理篇、团队管理篇、核算管理篇等。其中，融资、资金管理篇提出了 4 个风险点，相对应制定了 4 条管控措施；回款管理篇提出了 12 个风险点，相对应制定了 12 条管控措施；指示管理篇提出了 16 个风险点，相对应制定了 16 条管控措施；税务管理篇提出了 28 个风险点，相对应制定了 28 条管控措施；团队管理篇提出了 7 个风险点，相对应制定了 7 条管控措施；核算管理篇分别就日常核算工作、报表及审计工作、盈利预测工作、关注模块化要求等方面做出了具体的规定。这一制度，只是万达强化风险管控的一个缩影。

万达自 1988 年组建以来，经过王健林和公司员工的不懈努力，已经形成了商业地产、高级酒店、文化产业、连锁百货、旅游度假五大支柱产业。2016 年 1 月 16 日，在西双版纳召开的万达 2015 年年会上，王健林作了一个鼓舞人心的工作报告。他在报告中说："2015 年，在全球经济持续恶化的艰难形势下，万达依靠全体员工的共同努力，集团资产达到 6340 亿元，同比增长了 20.9%；收入 2901.6 亿元，完成年计划的 109.3%，同比增长 19.1%；集团净利润也同比大幅增长。"

总结万达近 30 年始终保持直线上升式的发展轨迹，王健林认为，公司基本没有摔过大跟头的根本原因，就在于风险控制做得非常到位。万达建立风险控制体系，是从世界著名的麦瑞房地产基金学到的本领。在学习借鉴麦瑞项目评估体系的基础上，万达形成了具有自身特色的万达发展项目问题清单。在万达所有的项目中，都必须执行的一项风险控制程序，就是对当地政府和企业提出 100 多个问题的清单，并要求必须用数据支持回答，然后通过规划模型，成本控制系统进行专业核算，经过决策委员会审核，最后由董事长批准。在此基础上，再与当地政府谈判签署目标决策文件购买土地。

万达虽然经历了四次房地产调控，但依然保持着快速、稳健的发展态势。取得这样的成绩，主要归功于万达把现金流作为企业的第一生命线，时时刻刻地予以关注和重视。王健林说："销售为首，现金为王，现金流比负债率更重要。"万达从每年的 9 月 1 日开始，就要对第二年设定资金计划。第二年项目发展表、成本控制表和现金流量表，是王健林最为重视的三张表。此外，万达还建立了自己的研究机构，重点研究分析国家的宏观经济形势，这就避免了万达对大趋势的判断发生根本性的错误。

随着万达规模的扩大，管理难度也相应增加，尤其带来的企业经营风险也越来越大。当企业发展到一定规模，在企业管理机制和管理职能等方面，很容易染上"大企业病"，滋生阻碍企业继续发展的种种危机。王健林说，万达得以持续健康的发展，有赖于规章制度和发达的信息技术，实现了靠科技手段实施对企业的管控。万达投入十几亿元资金，建立了全国第一套企业全业务流信息管理系统，以此支撑着企业的风险控制系统。

王健林所采取的风险控制举措，主要包括三个方面，也被称作是万达风险控制"三部曲"。

风险管控的第一部曲是保持团队稳定，这是人力资源工作的核心。王健林常说，万达发展的短板是人才，因此，人才的培养是万达格外看重的。在保持团队稳定方面，主要采取了三项措施：一是由"项目等人"变成"人等项目"。以前万达常常是项目开工之后总经理还没有到位，但现在包括总经理、副总经理在内至少有几套班子备在那里，变成了人等着项目。二是可以进行高管优化。以前万达是找人填满就行，想调整优化也没有合适的人，只好将就着用。如今王健林主张人力资源部要加强对高管的考核，对于表现一般或是难以胜任的高管，可以进行调整优化。三是建立万达学院。万达学院是万达软实力的证明，在 2011 年开学后大大提升了万达的核心竞争力。

风险管控的第二部曲就是通过快速销售提升团队效率。王健林认为，解决困难最好、最有效的钥匙就是狠抓销售和回款。为此，在销售方面，万达主要做好三件事：一是消除无所作为的思想。受宏观调控的影响，万达有一年的销售量持续下滑，但一些员工甚至管理人员认为销售下滑是正常现象，甚至提出要调减工作目标。万达的决策层在关键时刻悬崖勒马，及时扼制住了这种无所作为的思想，大形势无法改变，但在局部市场，通过自身的主观努力是可以改变局面的，有所为和无所为，结果肯定截然不同。二是创新营销方法。为了解决销售量下滑的现状，万达在销售顺序上做了创新，改先住宅后商铺为先推商铺、写字楼、公寓再推住宅。对于住宅促销，则出台了 A、B、C 这 3 个版本的精装住宅标准，大幅增加精装房比例，提升品质。三是改革奖励办法。为了配合销售，万达出台了一系列新的奖励办法，提升了副职高管和普通员工的奖金基数。事实证明，销售抓和不抓，结果不一样；狠抓和一般性地抓，结果也不一样。在狠抓销售的同时，万达也极其重视安全生产的管理。万达要求所有开业的店铺每年至少搞一次实战演练，以便在关键时刻发挥作用。

风险管控的第三部曲就是积极履行企业社会责任以打造企业良好形象。万达的企业形象一直很好，负面新闻极少，是中国为数不多的颇受尊敬的企业之一。万达在履行社会责任方面，主要有两大突出的表现：一是纳税大幅增长。诚信纳税是企业社会责任的重要方面，万达的纳税额和销售额一直保持同步增长，说明真正做到了诚信纳税。二是捐款额增加较多。王健林说，财富的本质是用来帮助别人。万达要求所有员工每人每年至少做一次义工，每次一个小时。义工工作内容不限，可以种树、扶贫、捡垃圾等。王健林觉得，即便这样用处不大，但坚持做的目的就是对员工的心灵进行洗涤，懂得人生的坐标和参照值不能只是银子、房子、车子等，还应该有更高的追求。

即便在万达经济高速增长的时期，王健林也依然保持着清醒的头脑，他非常清楚，大企业看管理、看风险控制能力，只有严格控制经营风险，才能保持稳健的经营并取得显著的业绩，实现万达"百年企业"的最终目标。

第三章

"快"是企业制胜、脱颖而出的法宝

01 快半拍是赢家

为时间做预算、做规划是管理时间的重要战略，是运筹帷幄的第一步。目标是管理时间的先导和根据。做任何事情，都应该以明确的目标为轴心，对自己的一生作出规划并设定达成目标的期限。达成目标的时候，最好要比别人快半拍，这样才能成为领跑者而不是追赶者。

——王健林

2015 年，新开业的万达广场有 26 个。万达广场租赁收入 144 亿元，租金利润占万达商业利润比重超过了 35%。这样的业绩，被业界称为"万达神话"。对此，王健林却说，这样的业绩，换成另一家公司，也同样做得到，只要它拥有足够的人马和资金。

显然，王健林非常谦虚。如果在同等条件下，换成另外一家公司来做商业地产，未必能取得如此骄人的业绩。

万达的发展速度一直令人难以置信。当别的一些房地产企业还在探讨发展商业地产采用何种商业模式，如何进行招商、管理团队时，万达已经拥有了自己的一套成熟的经营模式，成为中国房地产商中最早涉足商业地产开发的成功企业。

万达创立了订单式商业地产模式，实现了公司内部的快速复制。万达与沃尔玛、国美电器、万佳等实力派企业建立了长期的合作伙伴关系。只要哪里有万达，哪里就会有这些商业巨头的身影。除此之外，万达影院、万达百货也依附着万达广场开得风生水起，令业界刮目相看。

在武汉，万达曾经打造了一个武汉中央文化区，一举成为中国第一、世界一流的业内朝拜之地。在武汉中央文化区内，有一条被命名为"楚河汉街"的商业步行街，不仅成为武汉市内的新地标，而且创造出了业界广泛流传的"快半拍"速度的神话。

业界人士知道，武汉中央文化区是万达倾力打造的文化核心，投资总额高达500亿元人民币。这个文化区位于武汉市核心地段，地理位置相当于武汉市的几何中心，属于寸土寸金之地。

这个项目规划面积达1.8平方公里，总建筑面积更是达到了340万平方米，是一个集旅游、商业、商务、居住等多功能于一体的世界级文化旅游项目。楚河汉街建造速度，成为独一无二的万达速度，让所有业界人士惊呼不已。

王健林觉得，作为一家已经形成五大支柱产业的大型企业集团，必须在速度规模与健康成长之间作出合理的权衡，确保企业的发展达到速度快、质量好。

发展的速度快起来，必然会带来相关的问题。所有快速扩张的企业，都会面临着同样的情况，盘子越来越大，之前的管理架构和管理模式必然会出现不适应的问题。王健林显然意识到万达在管理方式的不适应，及时着手对公司机构进行适度的调整。为此，万达自2000年涉足商业地产以来，先后进行了三次比较大的调整。

第一次重大调整发生于 2000 年，主要调整了集团的产业机构，从此前的多元化发展回归到房地产主业，明确了以住宅地产和商业地产开发作为集团发展的主要产业。其后，成立房地产企业管理有限公司和商业开发管理有限公司，形成住宅地产和商业地产两条腿走路的格局，为万达商业地产的发展奠定初步基础。

第二次重大调整发生在 2005 年，万达管理层经过长时间酝酿，决定对组织机构进行重大调整，整合原有的商业和住宅两个管理公司，撤并原有的三级管理机构，集团调整为 16 个部，直接对各地项目公司实行扁平化管理。调整之后，商业地产成为万达的第一支柱产业，万达的步子越迈越大，企业的管理半径以及复杂性也一并上升。

第三次重大调整发生在 2010 年，为了更高战略目标的实现，万达经过半年酝酿，再次决定对机构进行调整。这次调整，将宏观管理部门集中到集团总部，形成八部一中心。商业地产公司项目管理一分为二，形成南北两大区。在这次机构调整会议上，王健林说："之所以进行这次调整，一是集团发展的必需。商业地产公司正在申报上市，必须在人事、资产上和集团分开。二是企业内生的需求。通过机构调整，适应万达目前相关多元化的发展。除了商业地产，高级酒店、万达百货、万达院线、旅游度假区几大产业也都制定了宏伟的发展目标，需要相应的机构和组织来保障其发展。"

王健林认为，快半拍一直是万达成功制胜、脱颖而出的法宝，而如何把握和实现比别人快出半拍，需要万达审时度势，见机而行。

在万达内部，一些新的探索和调整往往会出现一些分歧，出现一些不同意见。王健林认为，这是一件很正常的事。公司在某一时期，生意本来做得红红火火的，有大把大把的钞票可赚，人人处于一种心满意足的状态。而偏偏就在此时，万达却去探索一个全新的、未知的新领域，往往一些人无法理解，从而导致不同声音的出现。但是，王健林却总能力排众议，甚至是非常强势地推进万达调整的思路和策略。事实证明，王健林每次比别人快半拍的判断是非常准确的。

王健林带领着万达人，总能在关键时期快半拍地作出策略上的调整。在全国房地产企业一窝蜂地拼住宅地产的时候，万达已经在商业地产道路上披荆斩棘地前行了。当很多房地产企业开始转向商业地产的时候，万达商业地产已经早早地占据了全国大中城市，成为商业地产绝对的老大。虽然万达已经成为商业地产的龙头老大，但王健林并没有在老大的位置上沾沾自喜，而是把万达发展的重心转移到旅游度假上来。

从2010年起，万达就在原有的商业地产、高级酒店、文化产业、连锁百货等四大支柱产业的基础上，增加了旅游度假产业。王健林说："万达宣布进军旅游度假产业后，万达长白山国际旅游度假区、武汉中央文化区、大连金石国际旅游度假区、西双版纳国际旅游度假区等旅游产业项目，都在紧锣密鼓开发建设中。其中，仅长白山国际旅游度假区的投资规模，就超过了200亿元，显而易见，旅游度假产业已经成为万达发展的一个重心。"

王健林认为，做事、做决策，快半拍是非常重要的。抢时间就是抢效益，如果能够做到总比别人快半拍，自然会赢得掌控未来的主动权。他说："为时间做预算、做规划，是管理时间的重要战略，是运筹帷幄的第一步。目标是管理时间的先导和根据。做任何事情，都应该以明确的目标为轴心，对自己的一生，作出规划并规划好达成目标的期限。达成目标的时候，最好要有比别人快半拍的速度，这样才能成为领跑者而不是追赶者。"

02　有速度才会有优势

> 在中国做生意，机会很多，但是想创业的人也很多。因此，你的行动一定要快，否则，机会稍纵即逝，被别人抓住了。这就是中国速度。在商场之上，究竟鹿死谁手，很大程度上取决于速度。流水之所以能漂石，在于速度；飞鸟之所以能捕杀鼠兔，在于速度。有速度才有优势，要想有速度优势就要果断出击。
>
> ——王健林

在王健林的头脑之中，一直绷紧速度这根弦。进入 21 世纪以来，万达在王健林的带领下，实现了一个又一个跨越，取得了一个又一个辉煌的业绩，已经成为中国第一乃至亚洲第一的现代化大型企业，并朝着世界一流企业的目标快速迈进。

对于创建世界一流企业这一目标，一向重视速度的王健林充满信心。王健林的信心主要来自四个方面：第一，万达所从事的所有产业，从商业地产、高级酒店、旅游度假到文化产业、百货、大歌星，都拥有巨大发展空间。以万达广场为核心的万达产业群，创造了一种面向未来的体验式消费模式，激发出巨大的消费热情，成为这一转型的主要推动力之一。第二，万达经过多年发展，已形成强大的核心竞争力。完善的产业链、成熟的商业模式、优质的产品，让万达在市场上拥有强大的竞争优势，为长远发展打下坚实基础。第三，万达拥有一支身经百战、成熟稳定的人才团队。第四，万达的品牌形象好，深得政府、消费者和社会各界信任。

王健林觉得，一个人不管做什么事情，都要事先谋划好，通盘考虑，然后迅速加以落实和实施。但谋划的过程必须迅速，不宜拖得过长，更不能犹豫不决。谋划的过程中过多地计较细枝末节，只能坐失良机。商场如战场，风云瞬息万变，必须把握时机，果断做出相应的决策，并迅速加以实施。只有这样，才能抓住机遇，成就一番事业。

万达的发展历程充分说明，果断出击是赢得时机、商机的重要因素。办事速度与办事效率成正比，速度快才能产生高效率，才能确立企业在发展中的竞争优势。王健林说："在中国做生意，机会很多，但是想创业的人也很多。因此，你的行动一定要快，否则，机会就被别人抓住了。"

2012年12月12日，王健林与阿里巴巴集团董事会主席兼首席执行官马云，同时荣膺CCTV第十三届"中国经济年度人物"称号。在中央电视台举行的颁奖典礼上，对于电商是否会取代传统零售商的话题，王健林和马云非常风趣地打了一个赌。王健林说："十年后，如果电商在中国零售市场的份额占了50%，我就给马云1亿元；如果没到，马云就要给我1亿元。"

而到了2013年，马云在淘宝天猫"双十一活动"结束后说："2020年，如果王健林赢的话，就是这个社会输了，这代年轻人输了。"2013年天猫"双十一"购物节,淘宝创下了日销售额350亿元的纪录。

王健林之所以能高调地与马云打赌,是因为他觉得万达在传统零售领域已经是领先者。他认为:"所有的新方式都是对传统方式的促进,但并不意味着新的方式出现后,所有的传统产业都要死亡。电商发展很快,但是,也别忘了传统零售商也在做大蛋糕。这不是切蛋糕的思维,你切掉了别人就没有了。从消费者的角度,网购的人也经常去逛商场。电商和传统零售并不是非此即彼,任何一个新的模式,都不可能完全灭掉以前所有的经营模式,我们都会赢。"

不过,时隔一年后,王健林已经不再坚持这个赌局。他说:"本来,就是我跟他开玩笑,那天,中央电视台领奖局面比较中规中矩。导演就说,你们俩都是民营企业,在台上逗一逗。赌局本来就是一个玩笑。"

其实,业内对王建林与马云的赌局有一些看法。苏宁易购执行副总裁李斌认为赌局是一个伪命题,李斌说:"未来的电商一定是线上线下融合的,不存在纯粹意义上的电子商务和绝对的实体企业,这是由社会的发展趋势及消费者的购物习惯所决定的,未来的购物一定回归服务体验,而不仅仅局限于商品的价格。"

王健林、马云、李斌都是创业者应该学习的典范,说的都有自己的道理。网络离不开地面的支撑,地面务必需要网络的推广,这里牵扯到经济运行规律的问题。而经济规律的核心实质是创新,创新就是寻找更符合经济发展的方法和营销模式。在互联网走进千家万户的今天,人们之间的沟通成为零距离,人们的生活方式和创业模式也发生了翻天覆地的变化。很多商业人才发现了这一点,把互联网当成工具,让自己的产品和商业模式,传播得更快、覆盖面更广,马云就是成功的典范。

万达作为一个拥有商业地产、高级酒店、文化产业、连锁百货、旅游度假等五大核心产业的综合商业体，覆盖了人们衣食住行的方方面面，大体上形成了完整的消费闭环。但是，王健林看到了电商的巨大魅力，便果断向网络进军，希望能够打开一片新的天地。为此，万达开出巨额年薪，招聘电商管理运营团队。其中，单是为电商业务 CEO 开出的年薪，就高达 200 万元人民币。

进军电商领域，王健林绝非突发奇想。早在 2010 年，原上海贝尔阿尔卡特的副总裁兼首席信息官朱战备加盟万达，担任万达信息工程部总经理，标志着万达开始向互联网迈出了第一步。万达每年在信息系统上的投资达 2 亿元，集团主机房设在河北廊坊，一些知情人说："像民生银行这样规模的银行，主机都没有万达的主机大。"

王健林说："万达拥有中国企业独一无二的线下资源，有 100 多个广场，100 多个酒店，若干个大型度假区，有几十亿人次来来往往。这么丰富的线下资源，在为广大客户创造生活便利的同时，也为企业带来了丰厚的回报。万达必须把这些资源进一步利用好，以更好地服务于广大客户。"很快，万达电商万汇网和独立的手机应用就上线了。万汇网作为万达广场的 O2O 智能电子商务平台，其业务涵盖百货、美食、影院等各个领域，实时为用户提供最新的广场活动、商家资讯、商品导购、优惠折扣、电影资讯、美食团购、积分查询、礼品兑换等服务。

王健林不仅可以果断决策，而且还能在发现决策失误时，立即采取措施予以纠正，不会遗留后患。在强手林立、人才云集的电商行业，一旦机会来临，几个竞争对手会同时向一个目标发起冲击。这个时候，无疑要比拼速度，看谁的动作快。一旦出现这样的局面，万达总能凭借速度优势，占得先机。而在电商领域，王健林虽然比马云等人入行晚，但他坚信，只要加快速度，一样能取得非凡的业绩。王健林说："在商场上，究竟鹿死谁手，很大程度上取决于速度。流水之所以能漂石，在于速度；飞鸟之所以能捕杀鼠兔，在于速度。有速度才有优势，要想有速度优势就要果断出击。"

03 营造建成即开业、开业即旺场的局面

万达必须再快一点。快是战略问题，必须要快。现在是最后的机会，可以做大市场份额，可以积累经验，可以赢得未来的市场空间和话语权。万达广场建设模式，在全国是独一无二的。万达通常是不会进行土地储备的，从拿地到开工，一般都不会超过 4 个月。而从拿地到正式开业，一般不会超过 18 个月。通常情况下，开工 4 个月左右即可开盘，一直致力于营造建成即开业，开业即旺场的局面。

——王健林

王健林强调，所有的万达广场都要严格控制 18 个月的开发周期，并全力营造建成即开业、开业即旺业的局面。有了这样的一个主导思想，万达广场开发建设，形成了万达所特有的高速度、高质量模式。一旦在百度搜索栏里输入"满场开业"四个字，全国各大城市万达广场竣工即满场开业的词条，就会数以万计地显现出来。

在万达广场的开发建设中，王健林突出一个响亮的口号："万达所至，中心所在。"事实上，这已经不仅仅是一句普通的宣传口号，而是万达已经创造了一个又一个实实在在的奇迹。万达广场每进入一个城市，不仅是对当地社会经济发展水平的肯定，也是对该地经济发展和区域价值提升的极大促进。

对于几乎所有的万达广场都一开业就火、而没有培养期的状况，长期调研万达的中国品牌地产联盟秘书长王永平总结了四大主要因素：一是万达的商业业态组合更加完善；二是招商品牌更加优质；三是运营管理水平不断提升；四是规划设计水平不断提高。

王健林说："万达广场建设模式，在全国是独一无二的。万达通常是不会进行土地储备的，从拿地到开工，一般都不会超过4个月。而从拿地到正式开业，一般不会超过一年半时间。通常情况下，开工4个月左右即可开盘，一直致力于营造建成即开业，开业即旺场的局面。"

万达能够稳居商业地产龙头老大位置的重要原因，就在于对开发过程的严格控制。一年半的开发周期，保证了万达的高速运转。而且，在运转的过程中，每个环节都能把控得很好，这是一般企业难以做到的。

王健林说："很多人都有拖延的习惯。清晨，闹钟把你从睡梦中惊醒，想着自己所订的计划，同时却依恋着被窝里的温暖；一边不断地对自己说该起床了，一边又不断地给自己寻找借口拖延起床的时间。于是，在忐忑不安的挣扎之中，又躺了5分钟、10分钟。我当兵17年，每天早晨5点半起床，现在也依然是6点前一定要起来。"

其实，做事拖延主要受惰性影响。王健林认为，一个人，每当自己必须付出劳动或者要作出某种抉择时，往往会为自己找出一些借口或者理由，让自己轻松一些、舒服一些。其实，拖延就是纵容惰性。如果纵容惰性形成一种习惯，就会消磨人的意志，失去做事的信心，甚至使自己的性格变得犹豫不决，办事拖拉。

王健林说："商业地产开发所需资金，约 20% 由万达直接投资，来源于销售利润＋内部资金调配；约 60% 向项目当地银行贷款；约 20% 由主力店企业自己投资。对于万达来讲，招商周期是受开发周期制约的，所以万达的开发周期一定要快。如果不存在拆迁情况，项目从拿地到开发一般控制在一年半之内，这样快的开发周期，就决定了招商周期不可能太长。假如以一年半为开发周期，主力店进场准备一般是 5 个月，这样就剩 13 个月。签合同、技术对接再减 3~5 个月，再减掉前面做 2 个月左右商铺的积累、沟通、市场调研，每个项目的招商周期 6~8 个月。这样一算，对于万达来说，快也是形势所迫。重要的是，在这种形势之下，万达不但做到了最快，而且每个环节都做得非常好。"

王健林认为，实施商业综合体项目，进度就是现金流，进度就是生命线，为此，集团针对不同的节点类别，确立了不同的管控和监控方式。管控关系明确之后，在落实具体某个节点责任主体的时候，采取的不是落到某一个部门或者人员身上，而是责任一条线的方式，如果一条线上的某一点延误，该节点责任人就要共同受罚。采取这种方式，便于项目层面进度出现延误风险时，能够及时协调资源来共同解决。

万达在计划编制时，为保障计划的合理性，所有综合体项目都参照八类计划模板，以项目摘牌信息中明确的交地之日，作为计划有效工期的起点时间，结合项目实际情况，由项目管理中心计划部组织召开项目启动会，并牵头组织项目计划的编制工作，在项目摘牌后 30 天内完成计划编制。通过各部门共同参与和推演的方式，各部门工作节点及相互配合支撑关系就最大限度地明确下来，为后续执行奠定基础。

　　为了完成计划，万达在各地的操作中，会采取一系列的超常规手段，最主要是要抢前期时间，做到拿地即开工，提高资金周转率。王健林要求项目团队的组建，要在项目摘牌前两个月开始进行，在摘牌前一个月完成，而财务、成本、工程和设计等编制人员的最终到岗留出两个月招聘时间，要求在摘牌后一个月内全部到岗。

　　在一切都超前的情况下，严格的考核是驱动万达速度的保障。在严格的考核制度下，每个人特别紧张自己的工作，生怕误了事，每个人都知道下一步要干什么，一定不能耽误。每年年底，万达会针对各责任人计划达成情况得出各自分值，形成每个人的年度计划系数，与年度奖金挂钩，通过这种强考核的机制，有效驱动了万达速度。

　　万达自上而下清晰的权责划分，科学的流程管理，前置与超常规的业务操作及严格的考核，有效地实现了"快"战略，成就了万达速度传奇。

04 做有超前意识的卡位高手

有人问我，我为什么总是对国家大的趋势节点把握这么准，老是踩着这个点。这不是蒙的，这来自企业对形势的判断和转型的动力。有人说我是卡位高手，我觉得卡位就是细节，就是把握的艺术。只有了解本土商业环境的细微之处，才能及时精准地卡位。一个企业步步踩准不太可能，多数时间都在平均线上，但关键几步你上去了就拉开距离了。

——王健林

作为万达的掌舵人，在万达 20 多年的发展历程中，王健林始终以卡位高手著称。他拥有敏锐的洞察力和判断力，善于捕捉并牢牢抓住发展机遇，在铸就万达辉煌基业的同时，也成就了他圆满的人生。王健林的出现和万达的崛起，是中国改革开放 30 余年孕育出的众多奇迹之一。2002 年，万达的总资产仅为 100 亿元，而到了 2015 年，万达总资产达到 6340 亿元，同比增长 20.9%，是 2002 年总资产额的 63 倍。同时，万达 2015 年总收入达

2901.6 亿元，首次跻身世界 500 强行列，排列第 385 名。

2010 年以来，王健林先后问鼎中国地产首富、中国内地首富和全球华人首富，这背后实质上是整个万达帝国的价值。2016 年 10 月 13 日，胡润研究院发布《2016 碧桂园森林城市·胡润百富榜》，王健林以 2150 亿元财富第三次成为中国首富，财富总额比第二位的马云多出了 100 亿元。

王健林善于在国家政策的背后捕捉商机。2012 年，国家出台了鼓励企业海外发展的政策。在全球经济危机重重的情况下，万达以 26 亿美元收购美国第二大院线 AMC，并以此完成了走向国际的第一步。自此，庞大的资金流跟随着王健林的私人飞机，可以抵达世界上的任何一个角落。到 2015 年年末。万达海外投资总额已超过 150 亿美元，其中，在美国就投资了 100 亿美元。从投资报告中可以看出，万达在国外并购的都是优质资产，有些还是稀缺资源。这些投资涉及院线、游艇、房产、足球俱乐部等多个产业，触角伸向欧洲、大洋洲和北美洲。

同时，万达还在国内并购了百年人寿、世贸院线等一批企业，还投资同程旅游网、时光网等，国内投资额也超过了 100 亿元。

王健林常说："做企业一定要顺势而为，这样才会事半功倍。"事实说明，王健林是最出色的机遇猎手，他对大政方针、行业趋势、发展热点始终抱有远超普通中国商人的热情。

从 2012 年开始，王健林坚持每天跑步一小时，万达也进入了一个新的发展阶段。2012 年年底，万达的总资产首次突破 3000 亿元大关，同比增长 50%，累计持有物业 1290 万平方米，成为全球规模第二的不动产企业。到 2015 年，已累积在全国开业了 133 座万达广场，持有物业面积 2632 万平方米，比 2012 年整整翻了一番。从 1988 年开始，万达一路走来，从最早做旧城改造，到 2002 年转型进军商业地产，再到 2011 年成立文化集团，最后到 2015 年成立体育集团和金融集团，几乎在每一个时期，都做出了精准卡位，是一个名副其实的卡位高手。

对万达，王健林有着绝对的把控力。他一直保持着军人的作息习惯，每年只给自己一周左右的休假时间，而且不是连休。他说："万达首先是一支部队，然后才是一家公司。"他始终用军人的作风管理万达，用军人的精神影响万达。

2008 年，万达的资金链曾一度吃紧。当时，万达商业地产的城市综合体项目虽已成熟，但实力和影响，仍远不及南方的万科，甚至不及 2007 年上市的碧桂园。2008 年 11 月，国家"四万亿"刺激经济政策出台，各个地方政府急于卖地，各大银行又急于放贷。银监会每个月都要检查银行放贷是否达标，房地产贷款甚至连四证、资本金都不看，只要房地产企业进行申请，资金很快就落实到位。

面对这样的机会，王健林肯定不会放过。他说："当时，很多人被经济危机吓怕了，不敢再拿地，只有我在公司说要大干。"在王健林的调度下，万达在 2008 年年末就抢到了十几个项目，2009 年年初再一次抢到了十几个项目。而当时土地的价格普遍低得惊人，在上海和南京这样的城市，万达拿到的土地价格，仅仅是每平方米 1000 多元。而项目在 2009 年开盘时，房价已经是地价的十几倍。

王健林说："一个企业步步踩准不太可能，多数时间都在平均线上，但关键几步你上去了就拉开距离了。"经过 2008 年的那一轮调控之后，万达的发展曲线呈现出"V"型反转的态势，随即进入了快速的上升期，从而一举超越了其他大公司。这次调控，住宅房地产的风险和劣势表现得越来越明显，而商业地产在对抗经济周期、增加就业和税收等方面的优势，也越来越能得到政府和行业的支持与认同。为此，王健林说："说我们是前瞻性也好、蒙的也好，万达这一次踩准了点。"

尽管业界人士普遍认为万达善于借助政策的力量，实现快速发展，但万达对政企关系的理解始终有着独到之处。王健林一直按照亲近政府远离政治这一原则行事，他说："跟政府可以亲近，但是不参与政治。有些人嘴上说，我不跟政府打交道，不理政府，这是不可能的，就是在美国，企业也得跟政府打交道。"

商业地产招商、运营，从来都是千头万绪的难事，但万达已历练出强大的系统执行能力。万达商业管理公司拥有 1.5 万名员工，是万达帝国之下最庞大的机构，负责万达广场的招商、运营，使万达广场房租收缴率达99%，多年保持着世界纪录。万达商业管理公司运作的地块，往往能成为新的市中心，这对地方政府来说无疑具有巨大的吸引力。

一直以来，万达从不在角逐激烈的土地拍卖场所露面，但它拿到的土地价格却不高，综合体销售型物业往往能覆盖整个项目大部分成本。万达广场一旦开业形成现金流，持有型物业又可以向银行抵押贷款，进而投资做下一个项目。

万达把政策的势能用到极致，主要还是靠企业本身的能力。万达做的很多事情，不仅是中国，在世界上也没有人做过。万达推出的万达文化旅游城，就是在一个巨大的室内空间里，提供消费娱乐的全部内容，其中包括各种主题的室内公园、电影乐园、秀、美术馆、电影院、购物中心、美食街等。室内空间就像一个盒子，盒子之外，还有一些高级酒店，有通道将它们与盒子连接。

王健林说："除了经济上的收益，这种高端文化项目对城市形象和功能的提升大有裨益。万达文化旅游城的受捧程度，甚至超过了万达广场。一些城市拼了命上来找，很多城市开出的条件，几乎等于送地给你，你只要到这儿来干就行。"出现这样的局面，正是王健林超前创意的价值所在。

05　小打小闹不行，要大投入大产出

小打小闹不行，要大投入大产出。此前大家做文化产业都是小投入，一台戏、一部电影地做。这种模式，存在两个问题：第一，不能快速做大，第二，效益非常低。很多人认为大投入意味着大风险，其实不然，小投入风险才大。大投入不会一拍脑袋就干，会做充分分析、反复琢磨，更要做收入预测计算。

——王健林

2012 年 5 月 21 日，万达以 26 亿美元的价格并购美国院线 AMC。王健林表示，此次并购后，AMC 的管理层及整个经营团队没有大的人事变化，双方会互派 1~2 名高层人员到对方董事会任职。

2013 年 9 月 22 日，万达在青岛投资 500 亿元建设的青岛东方影都正式开工建设。青岛东方影都是全球投资规模最大的影视产业基地。在青岛东方影都开工启动仪式上，万达邀请了众多好莱坞或华人明星亮相、助阵。

无论是斥资 26 亿美元并购美国院线 AMC，还是投资 500 亿元建设青岛东方影都，无不体现了王健林做事的大手笔。

在青岛参加青岛东方影都影视产业园区启动仪式时，王健林说："2018年前，中国电影票房收入将超过北美，2023年前将达到北美票房收入的两倍左右。世界电影市场的发展就在中国，原因之一是逐渐富起来的13亿中国人口规模，原因之二是每年超过4000块优质电影屏幕的产业发展速度。世界电影人士谁更早认识到这点，谁更早与中国合作，谁就能更早受益。"

在王健林大手笔的投入之中，充分体现着他的雄心壮志。2013年12月25日，在《成都商报》举办的"我看未来二十年"主题大型公益演讲活动中，王健林激情澎湃地说："小打小闹不行，要大投入大产出。此前大家做文化产业都是小投入，一台戏、一部电影地做。这种模式，存在两个问题：第一，不能快速做大，第二，效益非常低。2012年，万达文化集团收入达到了208亿元，成为全国最大的文化企业，是第二名的两倍。很多人认为大投入意味着大风险，其实不然，小投入风险才大。大投入不会一拍脑袋就干，会做充分分析、反复琢磨，更要做收入预测计算。"

但是，在倡导大投入大产出之中，王健林绝对不会置风险于不顾。在风云变幻的市场经济中，像王健林这样拥有魄力的人并不多。能够坚守大投入大产出这一信念，充分体现了王健林非同寻常的胆魄与智慧。

2014年，武汉舞台秀《汉秀》和电影科技娱乐两个项目，仅建筑和设备就耗资60亿元。在王健林看来，这种大投入一定会有大产出。他说："两个项目虽然投资成本达60亿元，但这两个项目年收入预计最低10亿元，效益非常可观，几年就能收回成本。"

显然，王健林一直义无反顾地大投入，是因为他一直在追求大目标。他说："万达文化集团有一个很远大的目标，力争在2020年进入世界文化企业前10名，而一台戏一台戏地做，一部电影一部电影地拍，是达不到这个目标的。所以，为了实现进入世界前十的大目标，就必须毅然决然地进行大投入。"

王健林在文化产业上的大投入，是为了缩短万达与世界文化企业的距离。他说："文化旅游城的投资都是百亿级，最小的西双版纳文化旅游城也投资了 160 亿元，其他的都在 190 亿元以上。这么大的投资，我们也做了保守收入预测，每个项目的收益都在几十亿元。有这么多项目支撑，才可能实现目标，缩短与世界文化企业的距离。"

毋庸置疑，大投入也必然存在着大风险。早在 2008 年底，万达就联合联想、泛海等五家实力雄厚的企业，率先在旅游地产方面布局，一口气签下了长白山、大连金石滩、西双版纳和三亚旅游等地产项目，占地面积最小的项目也有十几平方公里。虽然这些项目的实施使万达再次在旅游地产战略上先人一步，但是，这些超大型项目的实施，也给企业带来了相当大的风险。以长白山旅游度假区为例，该项目庞大的投资，其回报在很大程度上依赖于配建的 500 万平方米住宅销售回款。一位业内人士分析："可能一个人一辈子就去一次长白山，你想想谁会跑到那儿去买房子？这个位于中国最北端的长白山小镇，虽然有与北京同步的劲爆音乐、电影大片和新上市的服装，但唯一稀缺的就是顾客。"

万达在实施大投入大产出的战略后，有很多人问王健林，长白山项目投 200 亿元、西双版纳投 200 亿元、武汉投 500 亿元，收购 AMC 要 100 多亿元，加上同时在建的 40 多个商业地产项目，一年算下来就要投资 2000 多亿元，那么多钱从哪儿来？

对此，王健林说："假如说一年总投资 2000 亿元，实际万达拿出的钱，可能也就是 600 亿元到 700 亿元，而万达每年实际投资能力可能也不止这个数。"王健林举了一个例子，他说："长白山项目虽然总投资达 200 亿元,但是,万达公司仅占股45%,前两年的总投入,也就是20多亿元。万达出的只是注册资金和一部分开发资金,开发时间又长达五年,银行贷款、销售回款都是200亿元总投资的一部分。这个项目还有一个特殊之处——它是当地政府招商引资的项目,地价几乎为零。"

但是,王健林的解释,似乎并没有说服太多的人。许多年以来,在业界人士的眼中,万达的资金链一直是个谜。2013年10月5日,清华大学房地产金融研究所杜丽虹博士说:"以前,万达的商业模式是每个项目的现金流要求平衡,但现在已经看不懂了。"

早在2011年之前,万达仅发行过一次信托融资。2012年,万达发行了90多亿元的高息信托融资,反映了当时万达资金链的紧张程度。而过了2012年,几十亿对于万达来说,就成为一个小数目。其实,万达至少需要四五百亿左右的长期资本,才能真正支撑它的发展。万达之所以以每年建设20个万达广场的超高速发展,是因为它不能慢下来,只有快速开业、销售、抵押贷款,才能保证资金链的安全性。如果慢下来、开工数目减少,会对团队造成冲击。

当万达进入发展的快车道时,想慢下来都很难。

06 要有快速的复制能力

不只是万达商业地产公司实现了高速成长。只要多给资金，多配几套人马，换成另一家公司，也能做到这一点。万达独创了订单式商业地产模式，实现了公司内部的快速复制。万达与沃尔玛、国美电器、万佳等实力派企业建立了长期的合作关系。我们可以看到，只要哪里有万达，哪里就会有这些商家的身影。除此之外，万达影院、万达百货更是与万达广场如影随形，这些项目都是万达自己的，依附着万达广场开得风生水起。

——王健林

业界人士感到，万达在一年之内就开业了二十几个项目，简直就是地产界的神话。但是，王健林却说："不只是万达商业地产公司实现了高速成长。只要多给资金，多配几套人马，换成另一家公司，也能做到这一点。"显然，王健林有点儿谦虚了。其实，假如在同样的情况下，换另外一家公司，未必能做到高速成长。因为万达的快速复制能力，不是任何公司能够做得到的。

万达是中国房地产商中，最早涉足商业地产的企业之一。当别的地产企业还在为商品模式、招商、团队管理等问题冥思苦想时，万达已经有了自己的一套成熟的经营模式。

万达独创了订单式商业地产模式，实现了公司内部的快速复制。万达与沃尔玛、国美电器、万佳等实力派企业建立了长期的合作关系。业界人士知道，只要哪里有万达，哪里就会有这些商家的身影。除此之外，万达影院、万达百货与万达广场如影随形。这些项目，都是万达自己设计实施的，依附着万达广场风生水起。

事实上，万达的各个工程，在项目筹建之初就已经完成了大部分招商工作。这样一来，大大缩短了后期的招商周期，降低了招商工作的难度，也确保了项目建成之后招商工作的顺利完成。

万达所独创的订单式招商模式，已经成为其内部快速复制的保障。其实，万达在经营房地产行业的过程中，已经积累了非常丰富的经验。这些经验，都是通过多年的实际工作一点一点积累起来的，具有很高的实用价值。利用这些经验，万达学院甚至专门研制了一套产品的设计标准。这一标准，从专业技术能力上，大大提升了万达公司内部的快速复制能力，也让万达的相关部门，在项目规划设计工作开始的时候就有了重要的参考依据。在具体执行的过程中，执行人员只需要结合当地的实际情况，将参考标准进行一些简单的调整，便能直接套用万达自己设计出来的产品标准。这样一来，项目的前期设计工作时间大大缩短了，从而保障了公司内部的快速复制。

在王健林的带领下，执行力超强的万达团队也让万达快速复制变成一种现实，确保了各个项目都能在短时间内开工运行。无疑，万达的高速复制能力，已经赢得了业界人士的一致好评。

王健林说："在商场之上，一个企业要想做大做强，除了要有竞争力强的产品之外，还要重视宝贵的经验。只有重视经验，才能弥补不足、吸取教训，才能快速复制。有了经验垫底，后面的相关工作才能快速跟上，这样不但会比竞争对手更快，而且更为专业。"

2012年，王健林曾与马云打了1亿元的赌局。他说："十年后，如果电商在中国零售市场的份额占了50%，我给马云1亿元；如果没到，马云要给我1亿元。"当时，对零售市场充满自信的王健林，并未看好电商。而两年后，王健林开始相信电商的颠覆性。但是，由于自身的传统思维局限及先天不足的电商基因，导致飞凡网这一万达电商平台成立以来，一直没能形成气候。也许，在复制电商模式方面，万达快速的复制能力没有得到很好的体现。

但是，万达金融却展示了强大的复制能力。

2016年8月18日，万达旗下的万达金融发布消息，称万达贷正式上线。万达贷主要推出了两项产品：一项是万能Cash，另一项是万能分期。万能Cash可贷额度1千元~2万元，日息0.03%~0.04%，可随借随还。但万能Cash的申请客户仅限于万达金融的受邀客户，暂时不受理非受邀客户的申请。

为了推进万达贷及早上线，王健林投入了600亿元巨资。王健林对万达贷的投资力度，似乎超越了马云对支付宝的投资力度。

马云的支付宝，有淘宝、天猫商城等征信数据作支撑。因有第三方征信数据作支撑，支付宝的额度虽小，但是普及率高。同时，支付宝还利用芝麻信用体系，拥有众多的金融产品，像蚂蚁花呗，类似于网络信用卡，很多支付宝用户都已开通；像蚂蚁借呗，纯粹的互联网金融贷款，秒杀了银行贷款和线下金融公司；像蚂蚁金融，关注微信平台爱卡指南就可以申请，最低是 2 万，最高是 30 万。

　　而王健林推出的万达贷，将为中小企业提供小额贷款的额度最高提至200 万元，令业界感到震惊。但是，专业人士知道，这只是王健林的一种营销策略，真正能够拿到 200 万元额度的，必定是少之又少。王健林必然会考虑贷款方的偿还能力，他推出万达贷的目的，不可能单单是为了砸钱而不挣钱。

　　业界人士知道，支付宝的借呗、花呗，还有网商银行都比传统银行做得好，借贷的门槛也比较低。即便支付宝收取提现手续费，使用支付宝的客户依然不会减少。当万达贷超级"复制"支付宝后，马云甚至表态说："如果有机会，阿里巴巴希望能跟万达这样的企业合作，合作的目的在于共同开拓未来、创造未来，而不是战役上的防御、抵制，否则任何结合都是乌合之众。"

第四章

创新求变，不能走别人走过的路

01 善于在"冷门"中寻求突破

凡事预则立，不预则废。在做任何事时，事先做好准备和预见是成败的关键。而要有正确的预见，就必须具备超前的思维，也就是说要有超前意识。所谓超前思维，就是运用一种高智能的眼光，多角度、全方位地分析事物的历史和现状，把握未来的发展趋势，获得常人不能得知的信息，从而做出正确决策，让"冷门"变成"热门"。

——王健林

1988 年，34 岁的王健林不可思议地放弃了一片光明的政治前程，从大连市西岗区政府办公室主任的位置上辞职，接手濒临破产的西岗住宅开发公司，开始做一些房地产的开发项目。当时的西岗住宅开发公司，就是万达的前身。

王健林接手西岗住宅开发公司时，公司举步维艰，处于破产的边缘。放下区委办公室主任这个令人羡慕的位置，而到一个破败不堪的住宅开发公司任职,可谓是爆了"冷门"。

为了尽快带领万达走出困境,王健林只好硬着头皮来到了市政府,争取开发房地产的计划指标。一向不服输的王健林对市政府领导表态说:"不管项目在什么地方,只要能让企业有活干、有口饭吃就行。"

当时,市政府北侧有一个棚户区,一个大院几十户用一个水龙头,公共厕所掏一次大粪一条街要臭好几天。因为这个棚户区就在市政府北侧,形象非常难看,政府多次找到三家国有房地产公司,让他们改造,但三家国有公司都说干不了。其实,不是他们干不了,而是因为棚户区改造困难大、利润空间小,三家国有公司谁都不愿意干。

当王健林主动找到市政府时,市政府领导就对他说:"你要是能干北京街这个棚户区改造工程,就给你指标,给你批规划。"但在当时,棚户区改造还是一个不折不扣的大"冷门"。听了市政府领导的话,王健林马上进行了认真的测算。测算得出的结果是,北京街棚户区的开发成本是1200元/平方米,而当时大连最贵的房子也只卖1100元/平方米。显然,在正常情况下,干北京街棚户区改造这样的工程,不但不赚钱,还要赔钱,也难怪那三家国有房地产公司都不愿意接手这一工程。

在企业等米下锅的情况下,王健林咬咬牙,决定接下这个工程。王健林觉得,既然接下了工程,就应该想办法把项目做好,善于在"冷门"中寻求突破,把这个"冷门"变成"热门"。于是,王健林就开始绞尽脑汁地想主意,怎样把开发的楼房卖到1500元/平方米,以确保企业有足够的利润空间。

王健林说:"凡事预则立,不预则废。在做任何事时,事先具有准备和预见是成败的关键。而要具有正确的预见,就必须具备超前的思维,也就是说要有超前意识。所谓超前思维,就是运用一种高智能的眼光,多角度、全方位地分析事物的历史和现状，把握未来的发展趋势，获得常人不能得知的信息，从而作出正确决策，让'冷门'变成'热门'。"

在王健林身边工作过的人都知道，王健林最不缺乏的就是超前意识，他总能凭借强烈的超前意识，让自己的思想突破现有的牢笼，从而作出创新的决策。

王健林拿到北京街棚户区改造的项目后，棚户区的现实状况和未来前景一直在他的脑海里转换着。在仔细研究了大连市区房地产开发方面的相关情况后，王健林认为，北京街棚户区改造必须以创新取胜。他果断决定，在北京街棚户区改造这个项目中，万达要努力在三个方面实现突破。

第一，率先推出"大高层概念"。当时，大连的房地产业，还没有高层的概念。为了吸引消费者的注意力，王健林在实施北京街棚户区改造工程时，率先推出了"大高层概念"，决定建造30层的高楼。

第二，在设计上进行创新。当时，大连市处级干部住房面积标准为70平方米、局级干部住房面积标准为90平方米，几乎所有的房地产公司，都没有推出过大户型。王健林决定，率先推出130平方米的大户型，以满足大户型消费群体的需求。当时，大连所有的住宅房型都没有明厅，王健林就决定每户设计一个明厅；当时，铝合金窗在东北很少见，王健林就决定使用铝合金窗；针对刚刚兴起防盗门，大连的很多住宅都没有安装，王健林就决定将建造出的房子都安上防盗门。这些创新设计，极大地吸引了广大消费者的注意。

第三，为每套房子都配备洗手间。当时，普通的住房并不配备洗手间，只有厅局级以上的人才有资格在住房里配备洗手间。王健林从便利性和实用性方面考虑，打破常规，在建造的每套房子里，都配备了洗手间。这一办法，让万达的房子别具一格，深受消费者的追捧。

当时，王健林使用的这几招，就像超级核武器一样，一下子引爆了大连市区的房地产业。王健林用智慧和胆略，活生生地把北京街棚户区改造这么一个谁都不愿意接手的"冷门"工程，变成了消费者密切关注的"热门"工程。王健林在北京街棚户区改造工程中，共建造了800多套房子。令人意想不到的是，这些房子推出后，均价竟然卖到1580元/平方米，当时是大连房价的最高纪录，而且仅仅用了一个月就销售告罄，让业界感到震惊。大连北京街棚户区的成功开发，让万达成为全国首家做旧城改造的企业，从此，王健林带领万达人在房地产业趟出了一条全新的道路。

王健林刚刚涉足房地产业时，没有人脉，也没有太多的资本，凭的是头脑灵活，心里坚守着"找市长不如找市场"这一原则，踏踏实实地赢得了生存和发展的主动权。他认为，只有花时间研究好自己的产品，做好自己的产品，才能在市场上分一杯羹，进而立于不败之地。

在创新思维的引领之下，王健林用高瞻远瞩的眼光及过人的智慧，成功地将旧城改造这一"冷门"变成"热门"。他认为，在生活中并没有真正的"冷门"，也没有永远的"热门"，要想有所得，就必须用自己的智慧去发现并选择那些即将成为"热门"的"冷门"。在大家尚无意识时，投入"冷门"之中，使得"冷门"在变成"热门"之后收获更多。

如果说王健林在实施北京街棚户区改造这一工程时，一味地照搬以往的老经验、老做法，最终的结果可想而知。但是，他偏偏把别人不愿意做、别人做不了的事情做到标新立异，从而大获成功。对此，王健林说："无论做什么事情，千万不要盲目跟潮流，要预见到社会的需要，然后再去做事。"

王健林从"冷门"做起，靠自己的能力脚踏实地做事，走出了一片广阔的天地。毫无疑问，他的超前意识、创新思维，让万达获得了丰厚的经济收益，渐渐驶入了健康发展的快车道。

02　流程再造，会产生无穷的放大效应

创新，并不是只做前人从未做过的事儿。即使做的是传统产业，通过流程再造，也会产生无穷的放大效应，从而提升核心竞争力。当其他餐馆都在卖蛋炒饭时，如果能够通过连锁的方式，像麦当劳那样，进行流程再造，做大企业的规模，做响产品的品牌，也会有强大的竞争力。

——王健林

2009年9月，夏季达沃斯年会在大连世界博览广场举行，年会的主题确定为"夏季达沃斯：重振增长"。这次年会，是在全球经济陷入严重经济危机的形势下召开的。在9月12日举行的"全球经济低迷中的成功与生存"论坛上，大连万达董事长兼总裁王健林在讲话中说："经济危机时，要注重进行流程再造和创新的营销。"

王健林说："对于危机，我的看法是，在危机到来的时候削减成本、降低产能，这都不是最好的办法。我可以讲一个我公司的故事。中国经济

真正出现调整的时候有两次，一次是1959~1962年，一次是1994~1996年。这两次，中国经济下降到0甚至还出现了负数，情况非常严重。我们万达就在1994年遇到很严重的危机，全国的房地产企业几乎都是这么一个状况。整个行业里，很多公司都倒掉了，但我们没有简单地说降低营销费用，或者是减少产出。我们采取的是什么办法呢？当时，我们在中国提出了很有名的三条承诺，就是三个办法：第一，我承诺我们盖的房子保证没有质量问题。第二，我承诺买我们的房子可以随意地退房。第三，我承诺我们的物业服务是最好的。提出三条新的措施后，大大地刺激了我们的销售，在房地产市场很低迷的情况下，消费者都来买我们的房子，我们公司的房子卖得很快。从那以后，我们就走向全国了。现在，万达已经成为中国房地产行业的大公司之一。尤其在购物中心和酒店方面，我们在全国遥遥领先。所以，万达的故事让我懂得，面对危机的时候，作为企业经营者，不能简单地缩减产能等，而是要进行流程的再造，或者进行创新的营销。改变打法，公司才会做得更好。"

王健林非常看重流程再造，他说："创新，并不能只做前人从未做过的事儿。即使做的是传统产业，通过流程再造，也会产生无穷的放大效应，从而提升核心竞争力。当其他餐馆都在卖蛋炒饭时，如果能够通过连锁的方式，像麦当劳那样，进行流程再造，做大企业的规模，做响产品的品牌，也会有强大的竞争力。"

王健林认为，很多时候，创新不等于颠覆，而是寻找新的改进方法，进行流程再造。任何事情的成功，都是因为找到了更好的办法。有了全新的办法，做事的效果就会有很大的改变。同样是建楼房，王健林想的是把楼房"摞"起来，建30层的"大高层"，让消费者眼前一亮。同样是建楼房，王健林调整结构，设计一个洗手间，房屋面积依旧那么大，但感觉是全新的。

这就是流程再造所产生的意外效果。

对于一个企业来说，它的发展与繁荣，主要取决于企业主要领导者是否有创新意识和创新思维。任何一个成就大业的领导者，都会或多或少地具备打破常规的创造性思维。这些领导者，往往能够及时决策，将缺点化为优点，将不利化为有利。尤其是在经济飞速发展的时代，无论在何种领域，都需要这样的领导者带领企业百尺竿头，更进一步。王健林认为，企业想要占得先机，胜人一筹，企业的领导者就必须拥有打破常规的创新精神。

一提起创新思维来，有些人就会摇头叹气，觉得自己天生就不是创新之人。而事实并非如此。每个人都有创新的潜能，只是有些人没激发出来。据心理学家研究发现，人所使用的能力，只有所具备能力的二十分之一，一个人可挖掘和利用的潜力是非常巨大的。王健林敢于打破常规的创造性思维，无疑是一把金钥匙。对于一个企业的领导人来说，只有敢于打破常规，产生创新性思维，才能够带动企业发展。除了创新，企业别无选择。

万达成立以来，在发展的道路上经常会遇到一些障碍，而每当遇到障碍的时候，王健林都会选择以创新的方式，尽全力去跨越这些障碍。一个企业的发展不可能一帆风顺，跨越种种障碍的过程就像一场跨栏比赛。事实上，王健林真像一个世界顶级的跨栏高手，一次次打破已有的纪录，赢得人们赞许的目光。

王健林认为，很多时候，在人们的心中，往往会刻有一个看似不可跨越的"障碍高度"。很多人因为恐惧，不敢跨越。这些人，把困难想象得很可怕，并不断地告诉自己无法跨越，结果就真的跨不过去了。但是，王健林却恰恰相反，他总是能够跨越"障碍高度"，在困难面前从不畏惧，敢于打破常规，寻找突破方法。正因为如此，万达在王健林的带领之下，一次次地创造快速发展的奇迹。

03　要敢做"蚂蚁吞大象"的事

我们有愿望，也有实力走向全球，收购美国AMC只是第一步。并购北美AMC是一次战略性的投资，必须要用长远的眼光去看。如果所有人都看得明白，一定不是赚钱的买卖。就像所有人都去炒股，一定是最危险的时刻。万达管理层这么聪明，不会愚蠢到做赔钱买卖。美国AMC拥有非常高的市场盈利率，这对万达的上市是很有利的。这样的并购，将带来极大的附加值，让万达之名传遍全球。

——王健林

2012年5月21日，万达宣布，以26亿美元的价格，正式并购美国院线AMC。由此，纽约华尔街上演了一出最精彩的并购大戏，王健林一举取代了华尔街巨头，成为美国院线AMC的新东家，也就此确立了万达在美国好莱坞的江湖地位。王健林说："我们有愿望，也有实力走向全球，收购美国 AMC 只是第一步。"

2010 年年初，王健林从国内一位银行界朋友那里得到可靠消息，说美国和欧洲几个院线公司都在谋求出售。这个消息，对于一直希望能在海外院线收购方面大展拳脚的王健林来说，实在是来得太及时了。他立即派遣万达投资管理调查小组前往美国和欧洲，对几家意欲出售的院线公司展开调查。很快，一份关于美国和欧洲几家待售院线的尽调报告，摆在了王健林的办公桌上。王健林看到报告后，简直有一种如获至宝的感觉。他认真仔细地看完报告后，很快就将目标锁定在美国院线 AMC 上。王健林锁定 AMC 的理由，竟然只有区区的三个字：规模大。

美国院线 AMC 是全美第二大院线，影院大多位于大中城市核心地段，与万达院线的定位基本类似，而且不是上市公司，非常有利于并购操作。2011 年，AMC 收入约 25 亿美元，观影人数约 2 亿，员工总数 2 万人左右。AMC 旗下拥有 346 家影院，共计 5028 块屏幕。其中 IMAX 屏幕 120 块，3D 屏幕 2170 块，是全球最大的 IMAX 和 3D 屏幕运营公司。

毫无疑问，王健林是一个有野心的企业家，完成对 AMC 的并购后，万达实现了电影院线的跨国经营，既有利于推进万达全球化战略的进程，也有利于万达文化产业的迅速壮大。

但实施收购的过程并不是一帆风顺的，王健林面对的是杠杆收购江湖的一流玩家，其中包括阿波罗投资基金、摩根大通投资基金、贝恩资本、凯雷、光谱投资基金五大公司。2004 年时，AMC 就被这五家私募股权基金公司共同持有，且股份均等。被阿波罗等私募基金收购时，AMC 已负债 15.07 亿美元，但这五家私募基金并没有压低负债率，反而让 AMC 不断发债将雪球滚大，以便将投入的资本金抽出。而到 2010 年 6 月，AMC 的负债增至 18.9 亿美元。经历了美国电影市场下滑、金融危机及管理层与投资机构冲突等一系列打击之后，AMC 这家有 80 多年历史、在美国排名第二的院线公司，正逐渐滑向危险的边缘。

王健林决定，自己要亲自出马，与这些世界顶级交易对手谈判。他知道，与这些一流玩家的过招，将成为此次并购能否如期实现的关键。决定作出后，王健林即刻飞往美国，敲开了 AMC 股东办公室的大门。当时，五家私募股权基金股东正在为 AMC 上市奔波。他们在与万达谈判之前，已经将投入的资金收回，基本处于"零成本"持股的状态，曾经试图让 AMC 上市，以此来达到套现的目的。应该说，这群华尔街金融家的胃口奇大无比，他们收购 AMC 的目的，并不是为了做强做大，而是为了将来选择更好的时机卖掉它。当得知王健林前来洽谈 AMC 的收购事宜，他们将王健林看成是来自东方的一棵巨大摇钱树，一开口便提出了 15 亿美元的股权并购价格，这其中还不包括 AMC 自身 18.9 亿美元的负债。

面对对手的狮子大开口，王健林早已做好了"拉锯战"的准备。这一次，他一反常态，几乎是以一个放贷员的谨慎和对风险的敬畏，用长达两年的时间，与 AMC 的股东和管理层洽谈斡旋。最终，双方以 26 亿美元的价格成交。

王健林成功收购 AMC 后，在国内引起了广泛关注，对于国内企业进行海外并购的话题，再次引发了一场争议。

这场争议的焦点，就是王健林此举恐怕又是一个美国人欠账、中国人埋单的案例。早在 2005 年，联想集团斥资 12.5 亿美元，收购了 IBM 全球 PC 业务。面对数年后的王健林，很多人想到的是这种海外收购、并购，到底有多少实际意义，中国的企业家到底要交多少学费，才能真正搞明白大鱼吃小鱼的道理。

对此，王健林的态度是，对于中国企业来说，要想实现真正的跨国并购，交一定的学费是理所应当的，但是否是学费还要另说。在王健林看来，不管是中国企业还是其他国家的企业，实现企业全球化是每一个企业家的梦想。不管哪一家企业，只有企业规模化了，才有更大的实力，才会在一个行业里成为真正的老大，拥有话语权。王健林认为，万达收购 AMC，并不是交不交学费的问题，而是中国企业能否真正走出去的问题，同时也是考量中国企业家战略眼光的问题。换句话说，不管是国内企业之间的并购，还是国际上企业之间的收购，对于一个企业家而言，其目的都是显而易见的，企业家的每一种行为都是基于利益考虑的。

收购 AMC 后，王健林在回答《纽约时报》记者提问时说："我们有愿望，也有实力走向全球，收购美国 AMC 只是第一步。"

《纽约时报》报道说，万达是中国著名的商业地产公司，但现在公司董事长王健林对影院的兴趣，甚至超过了地产业务。收购 AMC 后，万达将在世界票房前两位的国家，分别拥有第二大和第一大的院线资源。这符合王健林对公司未来的设想。按照他的转型计划，到 2020 年，万达商业地产的收入比重将降到 50% 以下，文化和旅游是两大投资方向。

《纽约时报》还报道说，万达影院的一位员工在接受《第一财经周刊》采访时称，王健林一直热衷于文化产业，他的想法包括在购物中心内做连锁书店，院线的净利润率是 17%，超过地产主业，并且文化产业能获得更多政策支持。新画面影业董事长张伟平曾形容，在中国，院线是躺着就能赚钱的生意。万达收购 AMC 后直接进入美国市场，为电影发行、制作提供了更多的可能性。

很多人都认为，万达并购 AMC 公司，无异于蚂蚁吞大象。从理论上讲，是吞不下的，即使吞得下，也要担心消化不良的问题。但是雄心勃勃的王健林认为，他带领下的万达有这个能力做到。

在外界看来，万达以超过 70% 的高溢价并购 AMC，似乎是一笔亏本的买卖。对此，王健林说："如果所有人都看得明白，一定不是赚钱的买卖。就像所有人都去炒股，一定是最危险的时刻。万达管理层这么聪明，不会愚蠢到做赔钱买卖。"

作为万达的最高决策者，王健林早已做了全局性的考虑。他说："并购美国 AMC 是一次战略性的投资，必须要用长远的眼光去看。美国 AMC 拥有非常高的市场盈利率，这对万达的上市是很有利的。这样的并购，将带来极大的附加值，让万达之名传遍全球。"

万达对 AMC 完成并购后，立即建立激励制度、制订计划目标、采用信息化管理等手段，强化对公司的经营管理，很快收到了实效。并购当年，AMC 就实现净利 5000 多万美元。2015 年，AMC 实现营业收入 29.5 亿美元，实现净利润 1.04 亿美元。这说明，万达不仅能走向国际，而且能管好美国人都没管好的企业。

04 所有新方式，都是对传统方式的促进

所有的新方式，都是对传统方式的促进，但这并不意味着新方式出现了，所有的传统方式都要死亡，这样的认识是不对的。万达正在全力以赴地打造旅游产业版图，并不是为了应对电商，而是按照我们既定的战略目标来做，这样不断地发展，才能走出一条和别人不一样的路。

——王健林

2013年11月11日，天猫购物狂欢节以支付宝成交350.19亿元的业绩收官，总成交笔数达到惊人的1.71亿，物流单数也是达到了破纪录的1.67亿。网购迅速发展的背后，则是传统商业地产的黯淡。

针对如日中天的电商，王健林回应说："电商发展很快，但是别忘了传统零售也在做大蛋糕，不要简单理解蛋糕就是一起吃尽，你切掉别人就没有了。电商的强势发展将会促进实体企业加强网络建设，传统商业地产也会深入思考如何增强消费人群的黏度，电商与传统零售并非此消彼长，

而是会实现双赢。"

王健林认为，一天拿 350 亿元，和中国现在每年 20 几万亿的社会零售额相比差距还是很大。等电商占比很大的时候，蛋糕也已经做到很大，传统零售的增速也同样在增加。他说："电商与传统零售并非水火不容，经常去网购的这些人，同时也经常去逛商场。根据我们做过的数据调查，人的消费习惯 75% 是随机消费，不一定非常明确今天要干什么，逛一逛吃个饭，看到有好玩的就买点。"在王健林看来，来商场逛的人次越多，滞留时间越长，消费越多。因此，对于传统商业地产来说，如何增加商场的黏度，增加滞留时间，这将是关键。

王健林指出："所有的方式，都是对传统方式的促进，但这并不意味着新方式的出现，所有的传统方式都要死亡，这么认识这是不对的。万达正在全力以赴地打造旅游产业版图，并不是为了应对电商，而是按照我们既定的战略目标来做，这样不断地发展，才能走出一条和别人不一样的路。"

最初，万达每进入一个城市，都会在最繁华的区域抢占一个位置。但后来，万达改变了这一方式，每进入一座城市后，不再抢占中心，而是为这座城市创造一个新的都市中心。就这样，万达在中国地产界始终独占鳌头，为无数城市打造一处又一处繁华区域。

在济南、南京、南昌、成都、南宁、长春等城市中心的黄金地段拔地而起的第一代万达广场项目，以单体店模式著称，不仅拥有吸引人流的大型超市和电影城等，还包括停车场等配套设施。在很长一段时间内，这种新兴的单体店模式受到众多投资者的青睐。

后来，第二代万达广场项目引进了更多主力店和不同商业业态，用各自的影响力形成相互之间的吸引力，吸引更多的消费者驻足，强烈烘托商业氛围，积攒更多的人气。第二代万达广场项目以组合店模式著称，规模越来越大，业态上在原有基础增加了百货、影院、电玩、餐饮、建材等，形成一种组合店联合发展的强大优势。

在总结第一代单体店模式和第二代组合店模式的运营经验后，王健林又创造了第三代万达广场项目的城市综合体模式。第三代万达广场拥有商业中心、五星级酒店、写字楼、公寓、住宅，更有酒楼、国际电影城、电玩城、健身中心等非零售业态，看上去就像一个缩小版的城市。

从第一代到第三代，万达广场的升级速度之快，简直令人惊叹。为此，万达一直引领着中国商业地产发展的方向。

万达自2005年开发首个万达广场以来的十年间，"万达速度"让万达迅速成为一个"庞然大物"，在全国超过110个城市开发并开业了109个万达广场，总资产高达5341亿元，连续9年保持着30%的增速。

王健林认为，企业升级就是在原来的基础上更进步，改掉原来的不足，让优势更突出。我们处于一个知识更新非常快的时代，如果没有升级思维，必然不能适应现代社会的需要，必然止步不前，落在别人后面。因此，升级是企业保持领先的关键所在。

创新是万达在业界处于领先地位的核心因素。王健林越来越深刻地意识到创新的重要性，意识到开发新产品，必须要突破思维定式，打破经验主义和教条主义的束缚。

王健林要求万达开发的每一个项目，都必须是精品。万达创造的第三代城市综合体模式，在设计方面就做了很多的创新。在城市综合体的设计中，采用了室内步行街的设计方式，既满足了购物者的购物心理，又可以散心休闲；既要做到合理布局，又要充分考虑商圈日后的独立性、舒适性和相关性。同时，万达的住宅和公寓，都位于酒店、商场等商业性和办公性建筑物之后。

　　万达推出的新产品开发策略，主要有四种方式：一是抢先策略。就是抢在其他企业之前，将新产品开发出来并投放到市场中去，从而使企业处于领先地位。二是紧跟策略。就是发现市场上什么产品比较受欢迎，会不失时机地跟进。三是引进策略。就是把专利和技术买过来，组织力量消化、吸收和创新，变成自己的技术，并迅速转变为生产力。四是产品线广度策略。就是一个企业拥有的产品系列的数目，称为产品系列的广度。产品线广度策略按选择宽窄程度，分为宽产品系列策略和窄产品系列策略。前者指企业生产多个产品系列，每个系列又有多个品种，它是一种多样化经营策略；后者指企业只生产一两个产品系列，每个产品系列也只有一两种产品。

　　王健林认为，市场经济充满竞争，也充满机遇，观念就是效益，思路就是出路。不论是开发产品，还是拓展市场，如果亦步亦趋地拘泥于旧有的思想，会变得十分被动。应该敢想别人所未想，敢做别人未敢做的创新，善于从市场中寻求空当，从信息中捕捉商机，从观察中找到灵感，敢于以一种全新的视角去看待事物，这样才能开发出竞争力强的产品，从而抢占市场先机，在竞争中获利。

05　做企业，需要进行自我淘汰

企业管理者要大力提倡自我淘汰的精神，它是企业家创新意识的充分体现和必然要求。只有拥有自我更新的能力，才能确保企业长治久安。在经济发展日益迅速，竞争白热化的今天，企业家既定的思维模式和已有的知识不足以支持对突破性变化的判断，也不足以支持本质性的创新。因此，对于企业管理者而言，一定要将过时的观念、知识进行定期的淘汰，不要让过多陈旧的东西充斥自己的大脑。

——王健林

王健林一直是一个敢于创新求变、敢于自我淘汰的企业家。2000 年，正当宏观形势一片大好、住宅地产做得风生水起之时，王健林却出人意料地转投商业地产，让人感到一头雾水。2005 年，正当万达把商业地产做得如日中天、让人刮目相看之时，王健林别出心裁，毅然进军文化产业。2008 年，正当文化产业做得一片红火、让人拍案叫好之时，王健林又另辟蹊径，高调进军旅游市场。尤其是 2012 年 5 月，万达出资 26 亿美元，正式并购美国院线 AMC。

在提起创新这个问题时，王健林曾经深有感触地说："创新者大部分成为先烈，少部分成为先进。但正因为创新有成功的可能性，才激励着后来人不断攀登、不断去创新，希望成为那个极少数的成功者。"

王健林毫不惧怕当先烈，在企业的发展进程中，始终坚持敢闯敢试的创新精神。2012 年，在王健林带领下，万达推出了两大创新成果，历时多年研发的两大创新项目横空出世。

万达推出的第一个创新项目是大连金石文化区。全世界虽然拥有众多的影视基地，但绝大多数影视基地只有外景地和制作区这两项内容。而国内的一些知名的影视基地更是缺少综合性，要么只有外景地，要么只有制作区。王健林发现了这一状况后，随即对影视基地建设提出了创新举措。

在王健林的主持下，大连金石文化区项目历时四年研发，提出的目标是建成全球首创的外景地、影视制作区、影视体验区、影视会展区及旅游、购物、酒店群相融合的影视基地。所建立的影视外景区、制作区除了让专业的人员使用外，还允许游客参观。在影视体验区，游客们不仅可以体验影片的拍摄过程，还可以与专业导演协商，参与到微电影的拍摄之中，现场感受当"演员"的感觉。同时，一年一度的大连国际电影节将在影视会展区进行。

当时的设计提出，大连金石文化区占地 550 万平方米，文化旅游项目投资近 300 亿元。该项目于 2013 年全面开工，确保 2017 年建成。这一项目一旦建成，将成为全球影视产业的大型文化中心。

万达推出的第二个项目是万达城。由于我国的气候特点是冬季北方寒冷干燥，夏季南方炎热多雨，除了南方的极少数几个地区外，一年四季都适合户外活动的地方很少。基于这种考虑，王健林创新性地将文化、商业和旅游结合设计，以室内项目为主，从而排除和弱化气候对旅游的影响，使传统的严寒酷暑期不能进行户外运动，变成一年四季都能出行旅游。

王健林总是通过一次又一次的创新，让企业一次又一次地走向巅峰。他说："企业管理者要大力提倡自我淘汰的精神，它是企业家创新意识的充分体现和必然要求。只有拥有自我更新的能力，才能确保企业长治久安。在经济发展日益迅速，竞争白热化的今天，企业家既定的思维模式和已有的知识不足以支持对突破性变化的判断，也不足以支持本质性的创新。因此，对于企业管理者而言，一定要将过时的观念、知识进行定期的淘汰，不要让过多陈旧的东西充斥自己的大脑。"

王健林认为，自我淘汰虽然痛苦，但对于企业的创新和活力却十分必要。很多企业的发展越来越滞后，原因就在于陶醉于过去的成功模式，从而错过了大好机会。大多数人很难拒绝过去行之有效的战略和战术，很难跨越创新的脚步。资历、经验固然重要，但这只能代表过去。过去行之有效的战略、战术、经验，可能只适用于企业过去特殊的情形，解决特定的问题。随着时间的流逝，企业外部环境与内部资源都在时刻变化，所以，必须用新的战略、战术来解决新的问题，一味地套用老的模式和思路只能被淘汰。

王健林用万达的发展历程，充分诠释了企业不进行自我淘汰、没有自主创新，只能充当别人垫脚石这一事实。一个企业不发展、不创新、不进步，将面临效益下滑和被市场淘汰的危机。王健林觉得，企业要想不被淘汰，企业领导者必须先进行自我淘汰，实现具有非凡含金量的自主创新。

王健林曾经强烈排斥"互联网+"模式，但是，他审时度势，很快完成了从排斥"互联网+"到拥抱"互联网+"的自我革新。

2015年7月，《国务院关于积极推进"互联网+"行动的指导意见》正式公开发布，提出了"互联网+"创业创新、"互联网+"协同制造、"互联网+"普惠金融等11项重点行动。这个意见出台后，王健林随即发声："'互联网+'如何走向全世界是个新课题，也没有成功模式，但这是今后所有实业公司和互联网公司唯一的方向，谁不融合就会被抛弃。"

王健林在2014冬季达沃斯论坛上，曾经对"互联网思维"提出过质疑。他觉得这应该是互联网的个别企业为自己贴金的一种说法，不存在互联网思维。

但时隔不久，王健林就来了一个180°的大转弯，他说："事实证明，在这个时代，如果不用互联网思维、新的方式去做，可能就要落伍、被淘汰。因此，万达高层也必须有互联网营销思维。什么叫'互联网思维'？所谓的互联网思维，我觉得总体来讲就是创新思维。创新思维不是互联网公司才有的，而应该是所有企业、所有行业都追求的思维。如果仅仅说互联网企业才有创新思维，那是对所有有创新精神企业的一种抹杀，我极不赞成这个说法。"

王健林认为，很多公司都具有创新思维，万达做商业地产，从住宅地产到不动产，难道不是创新吗？我们做文化领域难道不是创新吗？同样卖食品，卖猪肉的双汇到美国去并购，跨国去发展，这也是创新思维。那么，什么是O2O？王健林认为，O2O就是在移动互联网时代，线上线下相互融合，促进消费的新商业模式。O2O有四个关键词：移动互联网、线上线下融合、促进消费、新商业模式，核心是促进消费。

未来，万达如何发展"互联网+"？王健林提出了五点建议：一是多了解一些线上线下融合的案例；二是必须弄清楚O2O真正的核心是消费的互动体验；三是不要把钱重点投在增加会员上；四是必须清楚只有"双线融合"思维才能做O2O；五是必须牢牢把握即使房地产也要"互联网思维"。

王健林说，"互联网思维"就是创新思维，就是思维的创新。对于一个企业来说，创新就意味着一切。

06　创新需要思想火花，更需要系统性执行

> 严格的组织纪律，才能保证创新成为现实，因为创新不但需要发散性思维，还需要系统性执行，真正让想法落地才算是创新，否则，只能叫思想火花，和创新是挨不上边的。
>
> ——王健林

2015年6月23日，王健林在做客新华网时，就"大众创业，万众创新"提出了自己的观点。他认为，严格的组织纪律是创新得以落地的重要保证。

在活动现场，有观众就万达电商CEO董策辞职一事，与王健林就互联网创新问题进行了交流。王健林明确提出："严格的纪律，才能保证创新成为现实，因为创新不但需要发散性思维，还需要系统性执行。"

2014年8月27日，万达牵手百度、腾讯一起签署了战略合作协议，宣布共同出资在香港注册成立万达电子商务公司。随后，万达宣布，由担任万达电商CEO 4个多月的董策，接任新合资公司的CEO一职。董策毕业于墨尔本大学，曾担任澳大利亚信息与通讯国家实验室的研究员，还曾在佳

品网、东方园林旗下苗联网等公司任职。

董策上任后，没有继续做不算成功的万汇网，转而研发万达另一电商平台"飞凡网"。2015年4月，飞凡网上线测试，但效果并没有预期好。5月26日早上，万达商业管理有限公司副总裁陈德力在微博上表示："某些从事电商工作的人，上辈子有可能是做房地产营销的，海阔天空却又闭门造车；也可能是作文学研究的，目空一切同时顽固不化。"

5月30日，董策安排了自己可信赖的人，将飞凡网的一些情况用PPT向万达的集团高管进行演示，但万达领导带领高管分头走访了相关客户，得到的实际情况和董策介绍的有出入。万达领导因此对董策非常生气，随后的6月3日，担任万达电商CEO一职不足15个月的董策对内发布了离职信，宣布离职。

董策离职似乎也在众多电商人士的意料之中。万达方面对于万达电商的发展早就不满意，特别是迟迟不能上线的飞凡网。飞凡网原本是万达电商从原有的万汇网另起炉灶转战的新平台。但从腾讯、百度、万达三巨头合体，到测试预备上线，飞凡网的虚虚实实，在媒体、行业人士的猜测和讥诮中迟迟不见真身。这样的推进速度，显然难以令万达高层满意。电商原本瞬息万变，在阿里巴巴、京东都开始大肆进军O2O的情况下，万达电商却只是停留在概念上。

在做客新华网的现场，有观众向王健林提问道："万达电商CEO董策离职，是否缘于万达地产式的管理模式和互联网自由化之间的融合度低所致？"王健林回答说："创新并不等于自由和散漫，很多人觉得，做互联网创新，就一定要脚穿拖鞋、身穿T恤，想几点来几点来，想几点走几点走，而且不能打领带、穿西装或定制度，这是完全错误的。万达发展电影业时，对所有人都有严格的着装要求，但万达2014年投资的6部电影，全部都赚钱了，发行公司的市场份额也跃居全国第二，就是一个遵守纪律与实现创新完美结合的例子。"

对于纪律严明的万达，很多人质疑万达式管理已经失去了创新的生命力，对此，王健林列举了美国西点军校商业人才辈出的例子作为回应。他深有感慨地说："严格的组织纪律，才能保证创新成为现实，因为创新不但需要发散性思维，还需要系统性执行，真正让想法落地才算是创新，否则，只能叫思想火花，和创新是挨不上边的。"王健林还列举了同是军人出身的柳传志、王石、任正非等人的成功事例，强调创新既需要纪律，也需要考虑成本和社会承受能力。

第五章

顶尖经营，要做到独特和难以模仿

01　要展现人文精神和人文关怀

企业文化也要讲人文精神，也要讲人文关怀。纵观世界上一流的企业，他们所营造和形成的企业文化，无一不体现着人文精神和人文关怀。所以，万达要想成为一家卓越的企业，必须以人为本，在企业的经营管理中，充分体现人文精神和人文关怀。

——王健林

在管理企业过程中，王健林非常重视企业的人文精神。万达的人文精神和人文关怀主要体现在以下三个方面。

一是万达为员工提供一流的待遇。在同行业中，万达的薪酬是国内最高的。对基层员工，万达实施的是工龄工资制度，也就是说，万达员工除了正常收入外，每年还会增加 1200 元的工龄工资，而当万达员工工作达到 5 年之后，万达的基层员工的工龄工资就达到了 6000 元，这是同行业的企业员工不敢想象的。由于万达为员工提供了如此优厚的待遇，万达员工一直对公司心怀感激，总是尽自己最大的努力，为企业的建设添砖加瓦。毫无疑问，为员工提供优厚待遇是万达得以迅猛发展的一个重要因素。

二是万达为员工建立了健全的培训机制。万达仅花费在员工培训方面的资金，每年高达上亿元。同时，万达还在河北廊坊投资7亿元，为员工建立了一所占地200亩的万达学院。这所学院，总建筑面积达12万多平方米，由行政楼、教学楼、室外运动场、室内体育馆、宿舍、企业展览馆、餐厅等组成，配备了国内先进的教学服务设施，可容纳3000多人进行寄宿式培训，是中国国内最优秀的企业学院之一。万达学院建成后，万达每年都会安排公司中高层管理人员到这里进行培训。学院已经为公司培训了许多优秀的管理人才，为万达公司的快速发展打下了坚实的基础。

三是万达十分注重对员工进行人文关怀。王健林要求不管是总部还是分公司，都必须建立员工食堂，免费为员工提供工作餐。同时，万达还推出了幸福假期制度，就是对公司评选出的优秀员工，万达不仅让员工任选各地万达酒店去度假，并给他们报销往返机票及住宿费，还可以为他们的家人报销两人的往返机票及住宿费。这些优厚的待遇，极大地增加了员工们的幸福感，激励广大员工努力工作。

王健林认为，企业讲人文精神、人文关怀，主要有三个方面的作用：第一，可以让员工主动为公司做贡献；第二，可以使员工成为联系客户与社会的桥梁；第三，可以开发员工的创造力。

王健林认为，企业要想得到长远的发展，必须重视企业的核心文化，坚持以人为本的文化理念。万达以人为本的文化理念，不是一朝一夕形成的，大体经历了三个阶段，而且每个阶段都有不同的侧重点。

第一阶段，1988~1997年。这一时期，万达的核心理念是"老实做人，精明做事"。那个年代，房地产市场非常混乱，没有土地出让制度，销售不需要许可证，只要有本事搞到地，就可以先卖期房，拿到钱后再建房子。

万达第一次开发项目时，开盘前王健林去销售部检查，销售经理向他汇报说，主管副总经理向他交代，卖房时每套房子多算点面积。王健林一听，觉得这种做法相当于欺骗，赶紧制止，要求按实际面积老老实实卖房子。同时，万达提出一个口号，就是"老实做人，精明做事"。

第二阶段，1998~2004年。这一时期，万达的核心理念是"共创财富，公益社会"，文化的重点是承担社会责任。1997年年底，万达开始大规模跨区域发展，跨区域是万达发展史的标志性事件，从此万达走向全国，成为少数全国性房企之一，企业实力成倍增长。这时，王健林提出，万达除了自己发展好，还要回报社会，主动承担社会责任。首先做好慈善捐助，捐助额要与企业发展规模相适应，企业规模越大，捐助额越多。从那时起，万达每年的慈善捐助额都在增大。此后，万达的社会责任中逐渐增加关爱员工、保护环境等内容，形成完整社会责任体系。

第三阶段，2005年至今，万达的核心理念是"国际万达，百年企业"，文化的重点是追求卓越。2005年，万达对企业文化进行提升，当时万达资产超过100亿元，年收入接近100亿元，已成为中国房地产业知名企业。这时，王健林的一些朋友对他说，别那么奋斗了，歇一歇吧，反正钱也够花，该潇洒了。劝他的人，把发展企业仅仅理解为赚钱、潇洒，这是中国民营企业家普遍存在的心理现象。面对朋友们的好言相劝，万达经过多次讨论，最终统一了思想，提出了"国际万达，百年企业"的口号。可见，万达要向世界级企业奋斗，要成为长寿企业。"国际万达，百年企业"这一核心理念，延续至今，直到万达成为世界一流企业。国际上对世界一流企业没有统一标准，但王健林认为，世界一流企业的核心指标，至少要排在世界前100名。有了这样一个宏伟目标，万达才拥有了令人难以置信的发展速度。

02 强化成本控制，算过账再开发

成本是企业的"家底"，是资源整合与流程控制的成果，一家成本管理不善的企业，是难以拥有长足发展所需的优势和能力的。成本是万达健康成长的"贤内助"，是一个支点。成本反映着万达对所做事情性质和重要性的理解，检验着万达管理水平的高低，成本意识要始终贯穿于万达的每项工作和工作中的每个阶段。

——王健林

万达人知道，王健林对成本管理非常重视。每年的 1 月和 7 月，万达都会对外界公布企业上一年和当年上半年的收入状况和经营情况，以此作为企业成本管理的参考依据。他说："成本是企业的'家底'，是资源整合与流程控制的成果，一家成本管理不善的企业，是难以拥有长足发展所需的优势和能力的。成本是万达健康成长的'贤内助'，是一个支点。成本反映着万达对所做事情性质和重要性的理解，检验着万达管理水平的高

低，成本意识要始终贯穿于万达的每项工作和工作中的每个阶段。"

万达对每一个项目都进行目标管理，按照成本、销售规模、工程质量标准、营销费用等类别，对该项目进行一揽子额定，必须算过账再开发，而且在开发后做到奖惩分明。

在成本管理上，王健林要求向制度看齐，严格遵守成本管理制度。由于万达有"销售为首，现金为王"的成本理念，有严格的成本控制系统，才创造了中国房地产企业罕见的 20 多年零空置的辉煌业绩。

万达的成本管理，绝不是根据图纸计算工程量，按照定额套个价，也不仅仅是审核工程结算，核减一些工程费用这么简单，而是房地产开发公司开发一个项目，对其投资成本进行的一系列事前控制、事中控制、事后控制的过程。说到底，就是如何把项目由设计构思变成现实，在工程质量优异的前提下，不断地优化成本，确保各项指标的顺利完成。

王健林认为，设计阶段的成本控制，是成本管理中事前控制最重要的一环。在规划设计阶段，对整个工程投资影响最大，可以达到 80% 以上；在施工图设计阶段，影响工程成本的可能性为 10% ~ 15%；而到了工程实施阶段，影响工程投资的可能性已经只有 5%。由此看来，控制工程成本的关键在于设计阶段。由于施工阶段是按图施工，在施工阶段所进行的投资控制并不是控制工程成本，而是控制施工中可能增加的新的工程费用，实际决定工程项目投资多少，在设计阶段就已确定。所以，无论从成本管理系统环节，还是从投资利用、成本控制方面看，设计阶段工程的成本管理工作都非常重要。

限额设计，是设计阶段强化成本控制的最有力措施。万达即根据各专业进行投资分解，对工程量指标进行控制，这样既满足了功能和工艺要求，又经济合理。南昌万达星城一期一区项目 2003 年年初开工，利润仅 2000

多万元，住宅楼设计时未考虑限额设计，加之同年钢筋、水泥价格急剧上涨，在主体未封顶时，仅钢筋、水泥涨价即达 800 多万元。之后，万达南昌地产公司成本部和管理公司一起来做分析，经过综合指标的横向对比，认为主要建材含量较高。因此，在南昌万达星城三期一区工程中采用了限额设计，仅钢筋一项同比一期一区降低工程成本约 700 万元。

因此，万达南昌地产公司成本部不间断的组织业务研讨，在已结算的基础上不断整理、归纳综合指标，已渐成方案研讨中限额设计的有力支撑。但限额设计并不是一味地考虑节省投资，更不是简单地将投资砍一刀，只有在设计环节多参与研讨，多方面听取不同的意见和建议，并经过多次的交流和碰撞，才能把问题想深、想透，才能找出一些容易忽视但足以致命的问题，才能在服从经营的前提下，真正把好工程成本管理的第一关，并为总体工程成本控制打好基础。

王健林认为，招投标和合同管理阶段，是成本管理的另一个不可缺少的环节。一个好的招投标，企业既可从众多的投标者中选择装备精良、技术过硬、管理水平高、社会信誉好、报价合理的优秀施工队伍，又可得到一个清晰、易操作的经济合同，为工程成本控制打下良好的基础。但招投标工作又是一个需各经办部门紧密协作、优化设计、方案研讨交织的复杂过程。因此，招投标做得好，锦上添花；做得不好，功亏一篑。

王健林觉得，成本管理的事中控制主要在施工阶段。在这一阶段中，工程施工历时长、生产工序多、建筑材料多样、材料价格变化甚至环境气候影响等原因都使得情况复杂多变。招投标、合同洽谈、设计变更、现场签证、材料限价等各个环节的任何疏忽都可能造成成本超支。在这一阶段里，成本管理重点是围绕成本动态台账展开。

万达在成本管理过程中，非常重视工程结算的审核程序。工程结算是一个艰苦、漫长、烦琐的过程，施工过程的一点一滴都体现在工程竣工结算资料中，回顾的清楚，结算就快，反之就慢。需要造价师用专业的眼光、丰富的经验、敬业的精神进行综合的评判，对工程施工图纸了然于胸，掌握施工合同条款内涵，设计变更签证条理清晰，竭尽所能排除施工单位一切"钻空子"行为，争取在成本管理的最后关头，把好成本控制关。

万达把成本控制当成整个公司的事情，而绝非是成本部一个部门的事情。随着房地产行业日益激烈的竞争形势，成本管理已成为"万达"竞争制胜的重要手段。王健林说："节约就是创造财富，成本降低有赖于点点滴滴的节约。对于企业来说，在成本管理方面，节约是没有下限的。只要想省，总能找到节约的方法。真正高明的节约，就是把原本不必要的花费和人力，用在能带来更大效益的地方。让节约下来的资金，创造出更多的效益。"

03　始终坚守"订单地产"商业模式

有人问我一个问题，让我用一句话概括万达成功的经验。我想了一下，要概括万达的成功，就是商业模式的不断探索与创新。不能建好房子再招商，而是要先把大的租户的需求搞清楚，按照租户的个性要求量身定做。我要把房子租给商户，就必须先替商户考虑能不能赚到钱。如果赚不到钱，我也就收不到租金。万达独创的"订单地产"商业模式，成为万达在激烈市场竞争中的强大优势，获得了市场的高度认可，这种模式，在特定的市场环境中是别人无法复制的。

——王健林

长春市重庆路万达广场作为万达的第一个商业地产项目，标志着万达自 2000 年 7 月开始，正式由住宅地产向商业地产转型，并一发而不可收，万达广场的开发建设，一直保持着较快的增长速度。截至 2015 年 12 月 31 日，全国万达广场的数量，已达到了 133 个。

万达广场开发建设之所以一直保持较快的增长速度，主要得益于万达始终坚守"订单地产"商业模式。由中国领先细分产业市场研究的引领者——前瞻产业研究院发布的《2012~2016年中国商业地产行业深度调研与投资战略规划分析报告》分析指出，"订单地产"商业模式，是万达发展商业地产的一项重要的商业模式创新，是万达商业地产的核心能力所在。

所谓订单地产，就是指先租后建，招商在前，建设在后。订单地产的核心是：联合协议，共同参与，平均租金，先租后建。

万达在实施"订单地产"的过程中，主要采取的是"三步走"策略。第一步，万达与世界500强等知名商业机构签订联合发展协议，协议中约定了很多条款，其中包括目标城市的选择、面积要求、租金条件等。第二步，万达与合作伙伴进行沟通、协调，大家共同确定城市、地块，并在规划设计与技术方面完成对接，每一个店的面积、层高、设备都要事先约定好，为租户量身定制商业地产项目；随后，万达和战略合作伙伴约定，把中国的城市划定为两个等级，北京、上海、广州、深圳4个城市列为一等城市，剩下的城市都算二等城市，一等、二等城市分别适用不同的平均租金，这样，就大大减少了合同谈判的时间。第三步，当面积、城市、租金全部确定后，万达还会与主力店租户签订合同或确认书，再投入建设。

毫无疑问，对于万达来说，"订单地产"模式完全可以避免投资的风险，对于项目所在城市来说，也意味着税收和就业岗位的增加，有助于提升城市的整体形象和商业水准的综合效益，为实现企业和政府的双赢创造了条件。

万达广场的核心业务成熟起来，并不像一般的商业物业那样需要两年以上的市场培育期，几乎都是一开业就充满活力，从而跳过了市场培育期。

万达商业地产独特的运营管理，是"订单地产"的核心因素，主要表现在三个方面。

一是万达有着合理的规划招商业态。万达广场尤其强调文化、娱乐、餐饮等非零售的比重，一般非零售比重在50%以上，虽然非零售租金较低，但也可以提供丰富的业态选择，在开业初期积聚人气，这些业态一旦稳定，租金提升的空间、租金成长性的空间是很大的。

二是万达在商业地产方面的另一大优势是商业运营能力。万达成立了万达商业管理有限公司，创造了连续多年租金收缴率超过99%的世界行业纪录，这也是中国目前唯一一家冠以商业管理名称、跨区进行商业管理的企业。强大的招商和运营能力解决了商业项目开业后的难题，保证了万达开业的商业项目良好的运营状态。

三是万达始终处于不断地提升和调整过程中。再好的企业、再好的规划、再好的招商业态，在拥有十几亿人口的国度，区域文化差异这么大的地方，是不可能做到百战百胜的，要想产生持续效应，就是要有吃苦耐劳的精神，要不断对开业商铺进行调整。

进入2010年以来，万达广场的开发建设更是一派红火。在"订单地产"商业模式的强劲助推之下，2015年，新开业万达广场26个；万达广场租赁收入144亿元，完成年计划的101.1%，同比增长30.7%；租金大幅增长，租金收缴率及物业管理费收缴率达到100%，租金利润占万达商业利润比重超过35%，比2014年提升5个百分点；万达商管已连续三年实现100%收租率。万达新增持有万达广场物业面积475.5万平方米，累计持有万达广场物业面积2632.1万平方米，继续保持全球领先地位。万达广场年客流量达20.3亿人次。

2015年年末，万达下属的万达商业地产公司，拥有全国唯一的商业规划研究院、全国性的商业地产建设团队、全国性的商业管理公司，形成商业地产的完整产业链和企业的核心竞争优势。

王健林知道，商业地产的开发程序比较复杂，对于企业的融资、产品定位、开发和运营管理能力都是严峻考验，一招不慎，就有可能满盘皆输。万达广场能做到迅速、高质的扩张，奥秘就在于万达首创的"订单地产"商业模式，使万达广场在设计之初就确定了大部分主力店，最大限度保证未来商业效益的实现。王健林在总结"订单地产"商业模式成功的奥妙时，提出了"五个秘诀"。

一是联合发展。万达和众多国际国内一流的商家签订战略发展协议，约定好双方的权利和义务。与万达签约的主力商家中，包括多家紧密型合作伙伴，双方约定无论万达到什么地方开发万达广场，这些合作伙伴都要跟随开店，确保了万达广场大部分可租赁商业面积的收益。

二是技术对接。在万达广场的前期设计阶段，万达和各主力店商家就有专人负责进行技术层面的对接，保证主力店商家的需求在正式开工前就能得到确认和满足，以避免商家进场后的改建，减少浪费。

三是平均租金。万达和各主力店商家约定，全国城市分为两个档次：北京和上海一档，其余城市一档，分别给出一个平均租金，不再就单个项目租金水平进行漫长的谈判，保证发展速度和租金收益。

四是先租后建。由于万达广场在开工前，大部分商业面积都已确定租户，购物中心只要开业，马上就能收到租金，而且绝大部分商业面积都是能产生租金的有效租赁面积。

五是满场开业。每个万达广场都能做到建成即开业，开业即满铺，大大缩短了商业的市场培育期。一般大的商业中心都是逐家逐户开业，很难达到统一，因为万达商业地产有着强大的品牌影响力和招商能力，万达的招商其实就是选商，即众多商家愿意被统一安排，实现步调一致。

04　代价大一点，也要诚信经营

代价大一点，也要诚信经营。1990 年，我们主动增加成本；2000 年，我们提出三项承诺；2003 年，我们提出为消费者负责。看起来，这三次我们所做的都是赔钱的买卖，做的都是傻事。但诚信就是这样一个问题，需要你付出比一般的不诚信更多的时间成本、价值成本。开始是要吃亏的，但是如果你认识到诚信的价值，老老实实地做，愿意增加成本地去做，你就会换来品牌，换来以后的生活。这就是万达能够快速发展的重要原因之一。

——王健林

王健林认为，诚信是一个老话题，中国人已经讲了几千年，到现在依然在讲。诚信不仅是严格要求自己，还要敢于负责。即使代价大一点，也要诚信经营。在北京召开的"第五届中国品牌节"大会上，王健林很动情地讲了万达重视诚信经营的三个故事。

王健林讲的第一个故事，是万达主动增加成本的故事。1990 年，万达在大连拿到一个开发项目叫民政街小区。万达决定，要把这个小区质量做得好一些。当时，国家质量标准有五个：国优、省优、市优、优良、合格。万达决定，要把民政街小区争取做到市优往上。但是，当与四家施工单位商谈时，都不同意做市优以上，只同意做合格。对此，王健林觉得很奇怪。四家施工单位不愿意做的原因几乎就一个：做市优以上的小区，赔钱。当时，国家规定达到市优标准的小区，每平方米给 2 块钱的奖金；达到省优标准的小区，每平方米给 4 块钱奖金。而事实上，如果真正做到市优，每平方米的成本要增加 10 块钱；做到省优，每平方米的成本要增加 20 块钱。对此，万达果断决定，打破国家决定，实行小区建设成本补贴，就是如果施工单位的建设达到市优标准，万达为每平方米增补 10 块钱，达到省优标准，万达每平方米增补 20 块钱。结果，四家施工单位都做得非常认真，使民政街小区竣工后，50% 的楼房做成了市优，50% 的楼房做成了省优。其中，还有两栋楼房被评为"辽宁省 1991 年样板工程"。王健林觉得，虽然万达增加了小区的开发成本，但最终换来中国第一个"全优质量小区"这一殊荣，从而树立了企业的良好声誉。

王健林讲的第二个故事，是万达主动提出了三项承诺的故事。2000 年，万达在中国房地产开发行业中，第一个提出三项承诺：一是承诺住宅工程保证不漏，发现流水事故一次性赔偿 3 万元；二是承诺保证面积不短缺，如果发现面积短缺，一次性赔偿 3 万元；三是承诺房子可以随意退换，就是从买了房子、到竣工交钥匙的 60 天内作出判断，要与不要可以随意换退。万达作出的三项承诺，在全国房地产业引起了轩然大波，行业内甚至说万达是在出风头。但是，广大消费者对此是非常欢迎的。承诺作出后，万达内部的压力也很大。大家认为，房屋工程质量很难做到一层也不漏，施工的过程可以做好，但不应该作出承诺。由于承诺在先，工程施工的过程中非常谨慎。施工单位在系统层面采取了一些措施，增加了一些防护的工程，也必然增加了一些成本。结果，房地产的渗透率在全部开发的小区内，都维持在了 1% 以内。虽然万达每年也向十几户、二十几户业主进行赔款，但却大大促进了万达房地产开发质量的进步和房地产销售的大幅度上升。三项承诺推行几年之后，很快得以在全国推广。2000 年 6 月，国家建设部和消费者协会等 12 个部门，在北京人民大会堂召开了 1000 家房地产企业参加的千人大会。会上，国家建设部专门推广万达建设销售放心房的经验，并让万达宣读了"全国房地产建设放心房承诺书"。

王健林讲的第三个故事，是万达主动为消费者负责任的故事。2003 年，万达在沈阳开发第一个商业地产项目。项目累积销售了 300 多个商户中心，但业主回报率极低，平均回报率只有 1%~2%。买房子进来的老百姓，很多是贷款买的房。看到惨淡的回报率，广大业主纷纷行动起来，开始维权行动，一部分到政府部门投诉，一部分到法院起诉。如何处理这一问题，成为万达的一个当务之急。当时，对于起诉的案子，万达在市、省两级法院的一审、二审判决中，都获得了胜诉。法院的判决是从理的角度，并不是从情的角度。从理的角度看，万达没有理亏。在这样的情况下，万达还要不要对 300 多户业主进一步负责，公司内部有很大的争论。在讨论中，王健林认为，如果万达把商业地产作为今后一个核心的产品，这一个伤疤就应该把他彻底地割除掉。他觉得，300 多户业主，4 条商业街生意极其惨淡，有着很大的影响面。万达多次召开会议进行论证，最后，王健林痛下决心，300 多户业主全部退，拆除重来。卖出去容易，退回来就难了，退回来了就要付出更高的赔偿。当时，万达给的条件是赔偿价为卖出价的 1.5 倍，也就是说，业主买了 3 年多一点，每年获得 15% 补偿让业主能够接受。退掉业户后，万达又花了 5.6 亿元重建。2009 年，新建项目重新开业后，变成了非常漂

115

亮的购物中心。处理这一事件，无疑成为万达发展史上一个里程碑式事件。

王健林说："代价大一点，也要诚信经营。看起来，这三次我们所做的都是赔钱的买卖，做的都是傻事。但诚信就是这样一个问题，需要你付出比一般的不诚信更多的时间成本、价值成本。开始是要吃亏的，但是如果你认识到诚信的价值，老老实实地做，愿意增加成本地去做，你就会换来品牌，换来以后的生活。这就是万达能够快速发展的重要原因之一。"

王健林觉得，诚信经营不是空喊口号，是敢于负责的精神让万达赢得了民心，赢得了市场，更赢得了商业地产业的最终胜利。

05　产品质量，必须达到全优的程度

我一直对不重视产品质量的企业深恶痛绝，尤其是对于不重视产品质量的房地产企业。因为老百姓辛辛苦苦积攒了一辈子的钱，甚至举全家之力买了一套房子，但是，房子到手后，却发现买到的房子竟然质量低劣。如果留着这个房子，住着又不舒服，三天两头出问题；如果退掉这个房子，房地产商千方百计地推卸责任，甚至会扒百姓的一层皮，这让老百姓甚是痛苦。因此，企业一定要做好质量监控体系，让老百姓买得放心，用得舒心。

——王健林

在王健林的带领下，万达始终重视建筑质量问题。王健林认为，企业是通过产品质量来向社会和客户传递自身的责任及关爱，产品质量无疑是企业生存和发展的生命线。强烈的质量意识已经成为万达文化的重要组成部分，并根植于广大员工的心中。万达创建初期，虽然在计划经济的影响下，房地产市场还居于牛气十足的卖方市场，但那时，在王健林带领下的万达，

就已经建立了严格的质量管理体系。

早在 1991 年，万达承接开发了大连民政街小区项目，总面积近 5 万平方米。让人意想不到的是，民政街小区开发工程完工后，全部被评为市优以上工程，其中，有 50% 的面积更是达到了省优工程标准。这么一个数字，足以说明万达掌门人王健林对产品质量的重视程度。当时，在大多数房地产开发公司只求开发项目达到一个合格水平、全力以赴追求利润的情况下，万达却宁愿付出更大的成本代价，来实现开发工程的全面创优。王健林说："质量是企业的立身之本，如果企业不重视产品质量，认为企业的产品只要合格就可以了，那么企业必然得不到长足的发展。在万达，只有全优，没有合格。"

1992 年 2 月，首届"中国质量万里行"大型活动正式启动。"中国质量万里行"是中国最有影响力的社会活动之一。这一活动，是由首都新闻界主要新闻单位联合主办，国务院有关主管部门参与和支持的。活动的内容和宗旨，体现在对它名字的解释之中：中国的质量工作正面临着千里之行，万里之行；中国的新闻记者，为了宣传报道质量问题，将要做千里之行，万里之行。活动正式启动后，第一批关于产品质量的报道同时在报纸、电视、广播发出，立即获得了强烈的社会反响。消费者反映非常好，他们纷纷写信给组委会，给各新闻单位，给各主管机关。

当"中国质量万里行"委员会成员，带着在全国各地打击假冒伪劣产品的辉煌战绩来到大连时，大连所有的商家尤其是房地产企业都有些担心，生怕"中国质量万里行"委员会来找他们的麻烦。当时，大连市有关部门经过认真仔细的研究，决定主动向"中国质量万里行"委员会推荐万达。为了给万达减轻精神上的压力，大连市有关部门的工作人员打电话给万达说："你们不用太担心，在质量方面，你们一向做得都不错，只要认真地做一些准备，相信你们不会出现什么问题。"但是，迎接"中国质量万里行"委员会前来检查，还是令万达有些不知所措。他们感到，迎接这样的检查非同小可，他们甚至不知道自己应该准备什么。

"中国质量万里行"委员会的最终检查结果，万达所有的开发工程，都达到了全优的标准。这一结果，既出乎人们的意料，又在人们的意料之中。在人们意料之中的是，万达用心做出来的项目，全部得到了"中国质量万里行"委员会的认可；而出乎人们意料之外的是，万达做出来的项目，竟然获得了全优，这使"中国质量万里行"委员会成员庄重地向万达颁发了自委员会成立后的首块质量奖牌。"中国质量万里行"委员会颁发的这块质量奖牌，不仅表示万达的工程质量得到了委员会的认可，还让人们看到了万达的发展前景。

在质量奖牌的颁奖大会上，王健林激动地说："我一直对不重视产品质量的企业深恶痛绝，尤其是对于不重视产品质量的房地产企业。因为老百姓辛辛苦苦积攒了一辈子的钱，甚至举全家之力买了一套房子，但是，房子到手后，却发现买到的房子竟然质量低劣。如果留着这个房子，住着又不舒服，三天两头出问题；如果退掉这个房子，房地产商千方百计地推卸责任，甚至会扒百姓的一层皮，这让老百姓甚是痛苦。因此，企业一定要做好质量监控体系，让老百姓买得放心，用得舒心。"

王健林认为，企业要想发展壮大，就必须注重产品的质量。而对工程的质量，王健林明确提出了企业的质量目标，就是"不满足于合格，还要想办法让自己的产品达到优良"。1991 年以来，万达的所有产品全部都达到了市优以上标准，超过"合格"标准两个档次。万达秉承着"只有全优，没有合格"的企业理念，打造出了一个又一个全优项目，不仅赢得了消费者对万达的信任，更使得万达一步步地走向辉煌，成为房地产行业的龙头企业。王健林说："企业要想成为一个行业里的翘楚，就必须重视产品的质量。"

从 2003 年开始，万达就每年召开一次工程质量管理现场会。参加会议的人员包括万达领导、万达全国各项目公司的领导、全国各地项目承包单位的领导等在内的共计 100 余人。与会人员共同观摩公司开发建设的优质工程项目，并现场分享在工程质量管理等方面的先进经验与心得，达到典型引路共同提高的目的。

重视工程质量已成为万达的优良传统，更是万达承担企业社会责任的重要体现。近 30 年来，在万达开发建设的项目中，有 4 个项目获得了"鲁班奖"，8 个项目获得了"广厦奖"，成为中国房地产业获质量奖最多的企业，工程质量管理走在了全国的前列。

06　尽量保持低调而简单

万达是一个做实事的企业，而不是一个炒作的企业。万达人会用低调的态度做一些实实在在的事情。金奖银奖不如老百姓的夸奖，金杯、银杯不如老百姓的口碑。除了强调低调做事外，我们还提倡简单，即万达倡导内部关系简单化，不希望团队成员之间钩心斗角，把人际关系搞得复杂化。在很多企业，员工之间的关系十分复杂，很多都是通过裙带关系进入公司的，这给企业的管理带来了很大的不便。可以说，内部关系复杂化是绝大多数企业的通病。在这种情况下，我们提出内部关系简单化的理念，并得到绝大多数员工的认可。

——王健林

2014 年、2015 年、2016 年，王健林连续三年位居《胡润百富榜》"中国首富"。作为中国的顶级富豪，很多人都以为王健林的生活一定是奢华至极，每顿饭吃的都是山珍海味、珍禽异兽。但事实完全不是这样。王健林的个人生活非常简单而低调。许多了解他的人，都说他是顶级富豪群体中的一股清流。

王健林第三次获得"中国首富"称号时，个人拥有的财富，已经达到了2150亿元。这个数字，与青海省2015年2417.05亿元的GDP总量，仅仅相差了300亿元。王健林所拥有的财富，虽然几辈子都花不完，但是，军人出身的他，作风依旧非常朴素。

王健林做事，是非常低调的。2015年6月，首部由中国公司全资投拍的好莱坞大片《左撇子》，在美国和中国同时正式上映，这部影片的投资方，就是万达影业。而此前，万达影业全资投资好莱坞影片一事，国内外没有任何一家媒体报道过。

《左撇子》由《训练日》导演安东尼·福奎阿掌镜，主演过影片《断背山》和《波斯王子》的好莱坞演员杰克·吉伦哈尔出演男主角。吉伦哈尔饰演一名曾经辉煌的轻量级"左撇子"拳击手。这部影片，是万达影业首次全资投拍美国电影。《左撇子》的上映，中国人不再只是在好莱坞电影里出现几秒那么简单了，无论是参与演出，还是将好莱坞电影引进国内，都会多一些话语权，意义绝非一般。

投资拍摄《左撇子》，是万达影业向好莱坞电影工业运作模式学习的难得机会，毕竟好莱坞能给中国电影行业带来难得的经验。

第一次出手好莱坞，王健林坚守的原则就是稳妥。毕竟首次全资投拍好莱坞大片，王健林的心里确实有些没底。自从万达以26亿美元收购了全球排名第二位的美国AMC影院公司、成为全球最大电影院线运营商之后，业界都期待万达影业在好莱坞掀起一点儿波澜，但一直不见有什么动静。而万达影业参与投资的国产片却不断上映，甚至有一段时间，每一部电影的片头都能看到万达影业的名字出现在联合出品方之列。

为了增加影响力，《左撇子》选择了强大的幕后团队。摄影指导莫罗·菲奥里曾是《阿凡达》的摄影，获得过奥斯卡最佳摄影。特效指导肖恩·德弗罗曾为《变形金刚》和《后天》等影片打造过特效。为了避开与《碟中谍5》的正面交锋，《左撇子》甚至还选择比《碟中谍5》提前一周上映。万达影业通过这次低调试水，从而避开了所有失败的可能性。

王健林的低调，还表现在电商项目的运行之中。"万汇网"及手机客户端"万汇"都是悄然上线试运行，没做任何的事前发布。试运行期间，万汇网仅提供大连、武汉、福州、郑州四座城市六家万达广场的商品和服务，万汇网的内容包括广场活动、商家资讯、商品导购、优惠折扣、电影资讯、美食团购、积分查询、礼品兑换等。而手机客户端"万汇"除能实现万汇网功能外，还提供找商家、找车位、扫广场等特色服务。

万达经过近30年的发展，企业规模不断壮大，已经成为年收入过千亿、集文化产业、商业地产、连锁百货、旅游投资、高级酒店等产业于一体的大型企业。万达高速发展的背后，与其低调而简单的企业文化有着不可分割的关系。

万达的发展无疑是高调的，可在万达高调发展的背后却是低调而简单的企业文化。王健林说："万达是一个做实事的企业，而不是一个炒作的企业。万达人会用低调的态度去做一些实实在在的事情。金奖、银奖不如老百姓的夸奖，金杯、银杯不如老百姓的口碑。除了强调低调做事外，我们还提倡简单，即万达倡导内部关系简单化，不希望团队成员之间钩心斗角，把人际关系搞得复杂化。在很多企业，员工之间的关系十分复杂，很多都是通过裙带关系进入公司的，这给企业的管理带来了很大的不便。可以说，内部关系复杂化是绝大多数企业的通病。在这种情况下，我们提出内部关系简单化的理念，并得到了绝大多数员工的认可。"

正是由于万达低调的态度，让老百姓看到了万达实实在在做事的决心，从而对万达的经营充满信心，并在无形中支持万达企业的发展。

万达与中国足协开展"联姻合作"时，也非常低调。双方签署合作协议时，既没有像传说中那样在人民大会堂举行盛大的签约仪式，也没有制造万达是中国足球史上最大的赞助商的重磅新闻，王健林在签约时所表现出的低调甚至令人无法想象，远远不及任意一处万达广场项目的签约仪式那么隆重。

其实，在签约仪式前，万达宣传部已将签约仪式的地址选在人民大会堂，并设计了场面极尽恢宏的签约仪式。当王健林看到这个方案时，立即制止了这一举动，告诫员工，这件事要做得低调一些，并尽量做到无声无息。经过多方沟通，万达宣传部门将签约仪式的地址选在了北京理工大学。虽然签约仪式十分简朴、低调，但丝毫没有影响签约效果。

王健林除了强调低调做事外，还大力倡导内部关系简单化，不希望团队成员之间钩心斗角，把人际关系搞得复杂化，并得到了绝大多数员工的认可。企业内部关系简单化的基础，是健全的制度体系，靠制度来管理员工。万达一直有着比较齐全的管理制度，涵盖了企业运行中的所有事务，这些制度，无疑成了万达治理企业的依据，让万达在发展中少走了不少弯路。

内部关系简单化这一文化理念，无形中提高了企业的管理效率，使得企业员工养成了团队协作的精神，并对企业的发展充满信心，一心一意地为企业的未来而奋斗。

第六章

执行力强，才能把一个个"不可能"
变成现实

01 重视执行力，就是提升效率

万达执行力强不仅得到了企业界的认可，政府、百姓也认可，一个一个奇迹，一个一个"不可能"都在万达实现。前几天，我跟一个外国代表团谈判，其中包括美国一家知名投资公司的董事长，所有的人都问我一个问题："万达怎么能做到一年开业 20 个购物广场，同时还有几十个在建？"这在国外完全不可想象。如果我告诉他们有的万达广场一年内就建成开业，他们可能更理解不了。

——王健林

业界人士都知道，万达有着超强的执行力，队伍招之即来，来之能战，战之必胜。万达成立近 30 年来，开发建设的项目数以百计，除了万达昆明滇池一个项目没有按时完成，几乎都是按期完工。为了公司的长远利益，万达决定，开除昆明公司总经理。

万达在武汉曾创造出一个城市神话，打造出一个惊人震撼的武汉中央文化区，成为中国第一、世界一流的业内朝拜之地。其中，被命名为"楚河汉街"的商业步行街，不仅成为武汉市内新的地标，也创造出行业内广为流传的"万达速度"神话。

提起武汉中央文化区，这个占地约180平方米、总建筑面积340万平方米的旅游地产项目，总会让所有的武汉人津津乐道。这个文化区是一个以文化为核心，兼具旅游、商业、商务、居住功能的世界级文化旅游项目。现在，对于来到武汉的所有旅行团队，楚河汉街已成为不能不参观的项目之一。

楚河汉街建造时所创造的"万达速度"，已经成为地产行业不朽的神话。当年，楚河汉街项目签约时，万达与武汉市政府约定的交地时间是2010年6月30日，开业时间为2011年9月30日。然而，由于种种原因，武汉市政府直到2011年1月才交地。交地时间的拖后，必然会打乱万达的通盘计划，从而导致楚河汉街项目开业时间拖后。但令人不可思议的是，楚河汉街依然在当年的9月30日如期开业，按约定没拖延一天，整个工程仅仅用时8个半月。

楚河汉街开业后，在国庆假期迎来了多达230万人的客流量，这一数字，排在全国大型旅游场所客流量的第三位，而排名第一位和第二位的，分别是故宫和长城这两处历史名胜古迹。万达再一次用事实证明：万达开发的物业，从来都不愁招商，只有商铺挑商家，不是商家挑商铺。

万达开发建设的北京石景山项目，在建设工期内，正赶上2008年的北京奥运会，只好停工给北京奥运会让路。工程复工后，又遭遇了北方冬季的严寒，给施工带来了极大的困难。但最终，北京石景山项目仍然实现了按期开业，没延迟一天。项目开业时，一位万达的员工曾激动地说："这个项目开业了，可负责项目建设的老总，累得几乎废掉了。"

万达强大的执行力，还表现在员工们的齐心协力上。武汉菱角湖万达广场开业的前一天晚上，5000多名万达员工同时做保洁工作，一直干到深夜，确保了整个商场第二天如期开业。万达长白山项目开工前，工地还是一片没有路的原始森林。当时，万达员工在零下30几度的条件下，踩着齐腰深的雪，到密林中放线。员工们甚至沿路在树上系上红绳做路标，以免大家走失。

毫无疑问，对于一个企业来说，执行力就是战斗力。一些企业难以得到快速的发展，甚至还会遇到生存的危机，一个关键的问题，就是企业缺乏执行力。虽然企业的老总绞尽脑汁想出了许多宏伟策略，但总是无法把策略执行到位，再好的策略，也只能成为束之高阁的空想，成功也自然无从谈起。

应该说，在一些企业中，执行力缺失问题普遍存在。企业老总规划的事情，常常得不到有效的执行。由于执行力的严重缺失，导致企业的战略蓝图无论多么宏伟，最终都无法将其变成现实；企业的组织结构无论多么科学合理，最终都不能将所有能量很好地释放出来。其实，许多企业的战略都是正确的，但最终没有做起来的原因，几乎都是因为缺乏执行力。

业界人士都知道，在万达的全业务链条中，王健林几乎是无所不能。他能够轻松画出商业项目总图，也能够画出酒店套间的室内平面图；他知道百货商场每个楼层的承重，也知道超市紧急供电系统需要多少柴油储备；他对所有旗下产业的运营数字随手拈来，甚至知道万达北京中央商务区项目有多少块非标准砖。

业界人士都知道，王健林所带领的万达有着超强的执行力。万达每年有20个购物广场开业，同时还有几十个相同规模的商业项目动工兴建，这正是王健林执行力强的必然结果。万达为什么拥有超强的执行力，王健林说：

"我们万达能够拥有超强的执行力，主要有三个方面的因素：一是说到做到。只要是王健林说到的，最后都会做到；只要是万达对外宣称的，最后都会实现。二是算到拿到。万达做任何项目，都是先算后干，先做规划设计、测算成本后，再决定是否拿地。项目开发的过程中，实行计划模块化管控，保证项目全程的成本、现金流都在计划管控的范围之内。万达结算的很多项目，成本全部低于目标值、净利润全部高于目标值。算得准、拿得到，这就是执行力到位。三是奖罚分明。在万达，该奖就奖，该罚就罚，毫不留情，即使副总裁违规，也一样会被处罚、解聘。奖罚分明，也是万达执行力强的重要表现。"

在日益激烈的竞争环境下，提高企业的执行力是非常必要的。对于一个企业来说，执行力就等于战斗力，企业老总自身的执行力强，就能够带动整个企业的执行力。

02　善于挑最重要的事情先做

军事作战讲求的是打击重点，击敌要害，如果在关节处取得突破，离胜利就不远了。商场作战也是如此，决断出什么是自己最重要的工作后，就要立即去做，让自己在商战上抢得先机。做事情要有主次之分，设定优先顺序。把要做的事情分成等级和类别，先做最重要的事，再做次要的事。优先保证最重要的事的时间，就能优先保证做好最重要的工作，从而在大局上把控时间的价值。

——王健林

头脑清晰的王健林，总能在繁杂的事务中，挑出最重要的事情先做，用最大的努力将最重要的事情做好。

2015年7月11日，万达在北京万达索菲特酒店召开了半年会。在这次会议上，王健林从公司纷繁复杂的事物中，挑选出五件大事加以强调。

第一件大事是加快实现企业转型。

王健林说，万达转型核心就是三句话：一是转为服务型企业。做到万达商业、文化产业、金融产业、电子商务四大产业基本相当，互相协同、互为支持。到 2016 年，万达的收入和净利润这两项核心指标，服务业会首次超过房地产，万达不再是单纯的房地产企业。再用两年时间，企业全面实现转型。二是实现"2211"目标。这个目标，就是到 2020 年，万达的资产超过 2000 亿美元，市值超过 2000 亿美元，收入超过 1000 亿美元，净利润超过 100 亿美元。三是成为国际品牌。第一，2020 年，集团 30% 收入要来自海外。随着海外并购的增加，特别是我们计划的几个海外并购项目如果在近期得以实现，万达海外收入还会大幅提高。第二，万达在全球主要市场有投资、有企业。我们要在欧美、亚洲，甚至拉美都要有投资、有企业。第三，要成为世界一流的跨国企业和著名品牌。万达不仅要成为世界一流，还要力争让万达成为世界知名品牌。

第二件大事就是做大做强文化产业。

2015 年下半年，万达注册成立四个控股公司：一是影视控股；二是体育控股；三是旅游控股；四是儿童娱乐。而且，万达还成立了文化集团海外事业部，海外事业部按副总裁级别配备，统一管理文化集团所有海外企业。海外事业部的核心工作是与人力资源中心、信息中心共同研发管理软件，运用万达屡试不爽的工作计划模块管理软件，靠高科技、信息化管理海外企业。

第三件大事就是创新发展金融产业。

王健林强调，一要成立金融集团。金融集团成立是万达的一件大事，万达未来价值最大的就是这一版块。万达文化集团的四个控股公司，现在看影视、体育、旅游都是千亿级别以上的公司，儿童娱乐要是发展得好也有希望。将来文化集团的总市值和收入跟万达商业不相上下，甚至有超过的可能，但将来，万达金融比这两家都大。二要创新发展模式。万达金融集团绝不搞传统的金融模式，如果我们走线下，每省每市开分行，再去拉存款，根本竞争不过几大国有银行。万达金融要充分利用万达独有优势，跟万达商管、万达电商结合，搞真正的互联网＋金融。搞互联网＋金融，重点做好三项工作：一是加快掌握商家现金流入口，说穿了就是掌握收款机。二是利用掌握现金流的优势创新对商户的信贷考核、发放和回收机制，颠覆传统金融模式。三是利用电商、快钱的大数据。

第四件大事就是加大企业并购步伐。

王健林说，2012 年以来，万达加大国内外并购步伐，主要有三方面原因：一是占有市场稀缺资源，像文化、金融、体育等产业资源，特别是上游产业资源，基本已被欧美国家企业瓜分，想自己发展基本没可能，只有通过并购才能获得。二是快速做大企业规模。30 年前的 500 强企业，现在还在榜上的不到 20%，500 强也在不断变化，但它们有一个共同点，没有一家企业完全是靠自己发展做到这种规模，所有 500 强企业都进行过并购。这说明企业要做大规模，一靠自身努力，精耕细作；二靠并购。万达要迅速成为一流跨国企业，海外发展只能走并购为主、直接投资为辅这条路。三是通过并购调整产业结构。万达转型主要靠自身努力，但并购也是重要方法，起到"加速器"作用。万达的金融、文化、体育、旅游产业基本都是靠并购做起来的。

第五件大事就是融合发展电子商务。

一是创立万达电商新模式。重点解决互联网时代怎么样做商业的问题，为全国消费行业闯出一条新路。现在说互联网＋商业，互联网＋零售，光说不行，还得用商业模式回答怎么加。二是把互联网＋金融作为赢利方向。电商公司做得不错，创新了很多智慧产品，也在扩大开放平台，但这些还是烧钱模式。现在和金融加在一起，才看见赢利方向。将来广场现金流入口端的机器研发出来，和金融集团结合，可以放贷款、发理财产品、做消费贷款等，就有了赢利空间。规模做大了，广告也会来。当然还有其他方向，靠你们自己去摸索。三是开放式发展。王健林说："万达电商不能只着眼于万达广场自身，过去16年我们建了100多个广场，未来几年加速发展，还要再建几百个，但万达电商要做平台级电商，这样的数量还远远不够，必须开放式发展。"

03 要做雷厉风行的行动派

有了想法，就要赶快行动，等一切条件都具备的时候再动手，就已经晚了。什么事情，都要先做起来，中途遇到问题，再慢慢调整、修改、解决。遇到问题的时候，就要马上动手去解决，不能花费时间去发愁，因为发愁不能解决问题，只会不断地增加忧虑。当集中精力行动的时候，就会找到解决问题的办法。

——王健林

王健林非常喜欢亚历山大大帝利剑斩绳结的故事。这个故事讲的是，古希腊的佛里几亚国王葛第士以非常奇妙的方法，在战车的轭上打了一串结。葛第士预言说，谁能打开这个结，就可以征服亚洲。直到公元前334年，也没有一个人能够成功地将绳结打开。而就在这一年，22岁的亚历山大率军打入小亚细亚后，来到葛第士打下的绳结跟前。只见他毫不犹豫，拔出利剑斩断了绳结。后来，亚历山大一举占领了比希腊大很多的波斯帝国。亚历山大果断地剑砍绳结，说明他是一个雷厉风行且果敢的人，正是因为他的果断行动，打破了传统，所以才成为马其顿帝国国王、亚历山大帝国皇帝，成为世界古代史上著名的军事家和政治家。亚历山大以其雄才大略，先后统一希腊全境，进而横扫中东地区，不费一兵一卒而占领埃及全境，荡平波斯帝国，大军开到印度河流域。世界四大文明古国占据其三，征服全境约500万平方公里。到公元前323年亚历山大去世时，亚历山大帝国是当时世界上领土面积最大的国家。

王健林认为，商场如战场，商战中同样需要果敢的行动。他说："在我的生活里，没有星期几，只有几号。我每一天的时间，都被排得满满的。"在王健林身边的人都知道，王健林是一个地地道道的"工作狂"。

军人出身的王健林，一直保持着十足的军人作风，表现在对企业的管理上，就是格外地严格、谨慎，让公司员工时刻处于紧张的工作状态。对此，公司许多员工都说，我们时刻都保持备战状态，因为老板随时都会安排事情，而一旦安排了事情，就要在规定的时间内做好，拖沓是绝对不允许的。

一般情况下，王健林在每个星期六的早上，都要召开公司审图会，要持续1小时左右。开会时，他经常用尺子在图纸上反复测量一番，边测量，边发表自己的看法。散会后，公司的相关人员就会立即按照王健林提出的意见，进行认真的修改，王健林也会紧盯不放，直到修改的效果让他满意。

作为资产以千亿计的超大型公司的董事长，王健林仍然事必躬亲，能放手的也不放手。对此，王健林说："没办法，我就是这样的一个行动派。有了想法，就要赶快行动，等一切条件都具备的时候再动手，就已经晚了。什么事情，都要先做起来，中途遇到问题，再慢慢调整、修改、解决。遇到问题的时候，就要马上动手去解决，不能花费时间去发愁，因为发愁不能解决问题，只会不断地增加忧虑。当集中精力行动的时候，就会找到解决问题的办法。"

王健林的确是一个不折不扣的行动派，行动已经成了他的一种习惯。在王健林看来，今天能做的事情，决不要拖到明天。他认为，执行力决定企业的成败，任何企业的失败，都是执行的失败；任何企业的成功，都必然是执行的成功。而行动是撑起执行的主要支柱，没有执行，再伟大的梦想也只能是空中楼阁。

在王健林的影响下，万达的各级管理层，甚至基层的普通员工，都成了行动派中的一员，公司上下形成了一种浓厚的雷厉风行的做事风格。如果把万达比喻成茫茫商海中的一条船，王健林就是船长，负责决策、掌舵，万达成员便是船员，负责执行、划船。毫无疑问，划船前行的过程，需要船长与船员之间的精诚团结、同舟共济。如果仅仅是船长认定了方向，而船员们不去执行，最终的结果，这条船不是原地打转，就是慢慢悠悠。只有船长的命令被每一个人执行，大家奋力前进，才会快速向既定的目标前进。即使中途发现偏离方向，也可以迅速作出调整，从而迎头赶上。

在创业的道路上，王健林一直用冒险、创新和坚持这三种精神为自己壮行，不论是获得成功，还是遭遇失败，王健林都没有放弃过。就是凭借这种只争朝夕的实干精神，万达集团才最终成为举世瞩目的顶级企业。

作为万达的董事长，王健林走到哪儿，眼球和关注就会跟到哪儿。作为创业者，王健林敢想、敢说、敢干的形象早已深入人心，他凭着"三敢"精神，书写了一篇又一篇令人叹服的商业传奇。

同时，王健林还以冒险、创新、坚持著称，成为具有专利特色的"王氏三法"。冒险，让他成为市场经济下首批创业家中的幸运儿；创新，让他以匪夷所思的方式实现飞跃式发展；坚持，让他历经艰险取得成功。王健林风华正茂时，就已经是万达的领路人，花甲之年，他仍然是公司前行的开拓者。他的心里，一直坚守着"只有第一，没有第二"的信念，带领他的商业帝国，在商海的大潮中角逐一个又一个的第一。而这些还远不是王健林事业的终点，应着波澜壮阔而又跌宕起伏的时代潮流，走得依旧坚定而执着，目光一直注视着远方。

翻开王健林的创业史，会发现他在多个紧要关口都选择了另辟蹊径。2000年，当宏观形势一片大好之时，在住宅地产做得如火如荼的时候，王健林却孤注一掷转型做商业地产；2005年，当商业地产做得如日中天、赚得盆满钵满之时，王健林却别出心裁转做"文化"，布局文化产业；2008年，王健林又开始"不务正业"地做起了旅游投资；2012年，万达以26亿美元的价格，并购了美国院线AMC。2015年，万达正式成立万达金融集团。每一次，王健林的决策都显得独特而难以理解，但是，他并不畏惧成为一位"曲高和寡"的孤独者。

2016年，已在商界奋战了20多年的王健林，仍在不断做"加法"。做院线、投资文化产业、旅游业、电影产业、金融产业，在一直伴随的质疑声中，王健林选择了倾听自己内心的判断，他说："想获得超额利润，想赢得比别人更快的发展步伐，一定要敢于去做别人不敢做的事情。所有人都认为能赚大钱的行业一定不能进，只有少数人认为能做、多数人认为不能做的事情才能获得超额利润，真理掌握在少数人手里。"他还说："创新者大部分成为先烈，少部分成为先进。"王健林总是希望成为那个极少数的成功者，一直扮演着追求创新的少数派，而万达的尊严，恰恰来自于企业的创新能力。万达发明了商业地产综合体发展模式，曾被业界评价为"改变了城市的功能和定位"。

王健林有着一种非常强烈的不服输、不认命精神，在创业路上，他的探索一直在非正统的状态中，他的精神也一直处在叛逆状态、革新状态和创造状态。同时，他还擅长顺势而为，他说："做企业一定要顺应国家建设方向，借国家发展之势才能事半功倍。"

　　随着万达的发展壮大，已迈入花甲之年的王健林还没有考虑退居二线的问题，他说："我还有梦想。"他曾经说过，只要万达进入的领域，谁都别想做老大。辞官创业以来，王健林一直没有停止追求梦想，花甲之年的他，梦想依旧在路上。他说："我之所以还没有退休，是因为目标还没有达到。"王健林的新梦想，就是将万达打造成世界一流的跨国企业。如果要给"世界一流"加上个期限，王健林希望至少是一百年，因为"国际万达，百年企业"正是万达的口号。

04　制度好不好，关键在管用

万达制度最大的特点，就是我说的有用。万达有一个万达学院，投了十几亿，现在同时可以容纳几千学员，学院院长让我题两个字，我真的就题了两个字：有用。有用就是万达学院最大的目标，别整了半天没用，培训完和没培训没什么区别。制度也是一样，有制度和没制度没什么区别，这个制度就是失败的。我们一定要做到操作性极强，万达所有制度都要上信息中心，运用到网上去。

——王健林

王健林说："我们既然要定制度，就要搞能用的制度。"他辞官接手企业的第一周，就搞了一个名为《加强劳动管理的若干规定》的规章制度，而且沿用了很长的一段时间，很管用。王健林认为，定制度就是为了约束人的行为方式，管用才是硬道理。

在万达，经王健林之手搞出的制度都非常管用。王健林提出，万达平均每两年就要修订一次制度。他说："因为企业在不断发展，所以制度也要随之更新，有一些过时的要删除，有一些缺少的则要添加。"修订制度的过程中，不仅总裁、副总裁，以及各个部门的负责人全部参加，王健林也亲自参加。一项制度的修订一般在每年的9月开始，要历时3个月之久。在制度修订的过程中，王健林一直在提醒参与修订的相关人员说："制度的字数虽然不允许再增加，但必须把事情说清楚，而且要说有用的话，要具有可操作性，做到实用第一。"

起初，万达商业地产曾经制定了一个关于投资的制度。这一制度，在修改之前只是简单地说明必须做什么样的投资，但是事实证明并不好用。于是，在修改这一制度时，在王健林的建议下，万达将其改编成了《商业地产投资100问》，后来，又把它合并成《商业地产投资50问》。这50个问题，几乎包括了涉及商业地产天上地下的所有问题，而且叙述得格外清楚。50个问题都规定必须用数字回答，"大概""基本上"这样的词语禁止出现。若能把这50个问题搞明白，对这个项目也就再清楚不过了。更重要的是，每当新员工来到这个部门后，只要阅读这一发展投资制度，就会非常清楚项目相关情况，可以很快投入操作。

万达的规划设计制度更是清晰实用。万达把万达广场、万达酒店和文化旅游项目的投资，分别划分成3个级别，即A级店、B级店和C级店。划分级别之后，每一个等级都会制定若干条强制条款和非强制条款。例如，有很多消费者觉得万达的地下停车场特别敞亮，赞不绝口，主要原因是万达将停车场的高度设定为4.8米。万达把高度设定为4.8米，而不是一般停车场高度的3.6米，除了考虑舒适度外，还考虑了若干年以后能够安排机械停车位，将来一旦技术成熟，现在的两个车位可以做出5个车位。

万达制定出台的制度，最大的特点就是实用。王健林说："万达制度最大的特点，就是我说的有用。万达有一个万达学院，投了十几亿，现在同时可以容纳几千学员，学院院长让我题两个字，我真的就题了两个字：有用。有用就是万达学院最大的目标，别整了半天没用，培训完和没培训没什么区别。制度也是一样，有制度和没制度没什么区别，这个制度就是失败的。我们一定要做到操作性极强，万达所有制度都要上信息中心，运用到网上去。"

王健林知道，许多企业的员工，都怕承担责任，都怕领导或者其他人的批评和指责，往往会找出种种借口来推卸责任。他们甚至明明知道找借口的不良后果，但还是自觉或不自觉地说推卸责任的话。借口能够挡得了一时，但也阻止了积极上进、更正错误的机会。

王健林认为，找借口是懦弱者的行为，一个懦弱者，往往会找出一个自认为非常合适的借口，并牢牢抓住不放，然后，就拿这个借口为自己寻求各种解脱。起初，找借口的人还能自知他的借口带有欺骗的成分；但是，在不断重复使用后，就会越来越相信借口是真的，他可以凭借这个借口来推诿扯皮。这样一来，他的大脑就开始懈怠、僵化，不再想怎么努力。

对于找借口的事情，王健林向来都是深恶痛绝的。王健林从来不会在难题面前找借口，而是积极地找执行的方法。做广州白云万达广场这个项目时，万达郑重向广州市政府承诺，白云万达广场要在广州亚运会前开业。可是，广州市政府按约定时间晚了 5 个月交地。万达没有以此为借口推迟开业时间，而是紧锣密鼓地精心组织施工，结果，硬把耽误的时间抢了回来，仅用 11 个月，就把广场建好了，兑现了自己在广州亚运会前开业的承诺。王健林说："没有白云万达广场的一炮打响，广东各地的领导，就不会主动邀请万达去做项目，万达靠执行力在广东闯出了名头。"

对王健林而言，无论做任何事情，都清楚地知道自己坚持的是什么，他不会用任何借口来为自己开脱或搪塞，他很清楚卓越的执行是不需要任何借口的。因此，王健林做任何事情，都不会找借口，坚信自己一定完成任务。他要运用自己的才智积极寻找成功的方法，而不是用来证明自己会失败。

王健林作为万达的董事长，在执行的过程中，从不墨守成规，固步自封，而是善于与他人沟通，营造融洽的人际关系。遇到问题时，他总能得到大家的支持，从而形成一股股工作合力，发挥出一流的执行力。

王健林一直有着高效率、快节奏的工作作风，完全摒弃了缺乏紧迫感、敷衍了事的做事方法。他在执行中，做到了"四个行"，即快速执行，闻风而行，立说立行，雷厉风行；并且达到了"四个一"，即一说就干，一抓到底，一以贯之，一流水平。他总是能够及时处理和解决好工作中遇到的各种问题，以最小的投入获得最大的效益。

万达所有员工在制度面前都是一律平等的，都是按照制度的要求进行工作，在制度允许的范围内实现企业效益和个人利益最大化。制度不是企业发展的围墙，而是企业在竞争激烈的环境里生存和作战的保障。万达的目标是做百年企业，离开了制度的保障是不行的。由于人员的复杂，在明确的制度的背后，往往会有人进行暗箱操作。在万达，一旦有人违反了制度，被查出来之后，都会毫不留情进行惩罚。对此，王健林曾斩钉截铁地说："在万达没有情面讲，都是按制度。"

05 执行上，要力求尽善尽美

中国绝不缺少雄韬伟略的战略家，缺少的是精益求精的细节执行者；绝不缺少各类管理制度，缺少的是对规章条款不折不扣的细节解释。很多企业家一提战略，就是宏大叙事，就是战天斗地，就是争创一流、走向世界。有远大的目标和使命感是值得称赞的，问题在于，没有对细节孜孜不倦地追求，再远大的目标也只能流于口号。

——王健林

在强化企业的执行力上，王健林一直重视在细节上下功夫，力求做到尽善尽美。在企业经营活动中，王健林向来都对自己严格要求，在管理企业的过程中，王健林也是出名的严格。他一手打造了万达超强的执行力，保证了企业的规范运行，也保证了他的决策指令能够完全被执行，从而促进企业一直保持着高度发展的态势。

对员工着装，万达一直有着严格的要求，规定男士要穿西装，女士要穿套裙，而且还规定男女服装只有黑白灰三色可选。万达完全沿袭了军事化管理模式。

对于员工着装的要求，万达内部流传着这样一个故事。一名员工在乘坐电梯时，不由自主地把衬衫袖子卷了起来。这时，碰巧王健林走入电梯，看着衣衫不整的员工，王健林问他是哪个部门的，这名员工灵机一动，说自己是来拜访的客户。但这位员工的谎言没有骗过王健林，他随后就调取了电梯内的监控录像，很快找到了这位着装不合格的员工，对他在全公司进行了通报批评。

王健林说："严格的奖惩制度，是企事业管理的重要方面，但奖惩严格说来容易，做起来难，真正敢奖敢罚要靠执行力。"王健林认为，万达之所以拥有非常强大的执行力，主要来自两个方面的保障：一是说到做到。万达所有项目，包括万达广场、酒店、百货、影城等，都是在开工时就确定开业时间。二是算到拿到。15年来，万达开发的地产项目超过100个，全部做到成本低于预算目标、净利润高于预算目标。

王健林在自己专著《万达哲学》中介绍说，万达之所以执行力强，缘于万达内部已形成强有力的执行文化，每个人都有执行意识。为了职工的执行意识进一步深化，王健林总是以身作则。为了让公司不形成裙带关系，他始终没让自己的任何亲属在公司工作。他说："我可以给钱让他们自己去创业，但不允许他们进入公司。万达要成为世界一流的企业，需要大量国际化人才，王健林不希望大家认为万达是家族企业。而且，作为万达的大股东，王健林从不在公司报销费用，带头不占小股东便宜，要做得硬气。"

素有"商业教父"之称的柳传志在给《万达哲学》作序时说："2000年，万达开始做商业地产时，国内还没有商业地产的概念，不仅外人看不懂，企业内反对声音也很多，住宅地产发展那么好，为什么要自讨苦吃？2010年，万达商业地产做得正红火，王健林又一头扎向文化旅游。"

对于当年转型的决定，王健林在《万达哲学》中写道："创新精神某种意义上就是冒险精神。中国有句古话'富贵险中求'。2000年，我们决定要做商业地产，很多人不看好，甚至还有知名企业家批评我们不务正业。但是，我们觉得商业地产难度比较高，难度越高，竞争越少，反过来说成功的机会越大、赢利空间越大。所以，我们果断地进入了商业地产。"

王健林认为，随着社会的快速发展，社会分工越来越细，新兴职业越来越多，职业更替的周期也在不断加速。分工越来越细，专业化程度越来越高，是社会发展的必然趋势。那些看似琐碎、简单的事情，最容易忽略，最容易错漏百出。企业也好，个人也好，无论有怎样辉煌的目标，但如果在每一个环节连接上、每一个细节处理上不能够到位的话，都会被搁浅，甚至导致最终的失败。

王健林永远不会忘记自己在细节上吃过亏。谈起过去的失误，他不无感慨地说："一是用人失误；二是管理不善。而这些，都是因为不注重细节所致。执行在于细节。在现代社会里面，对细节的重视已经深入人心。企业如何在激烈的市场竞争中取胜，是每一个企业管理者都要面对的问题。企业走向成功的因素很多，执行是必不可少的，而强有力的执行又离不开细节的支持。企业管理者，只有注重执行细节，才能不断提高企业的核心竞争力，才能保证企业的持续发展。"

在万达近30年的发展历程中，王健林曾经创造了一个又一个令人惊叹的奇迹。这些奇迹看似非常宏大，其实每一个奇迹都是用细节堆积起来的。不可否认，王健林能够创造一个又一个辉煌的业绩，不仅取决于他是一个营销天才，而且取决于他是一个对细节极为执着的人。

跟随王健林一起工作的万达同事知道，他每一次去搞市场调研，都力争不忽略任何一个细节。做市场调研是很辛苦的工作，但是，在所有的项目开发之前，王健林都会一遍又一遍地去跑市场、做调查。

王健林不但要求自己注重细节，要求他的团队也必须注重细节。他曾给他的团队讲过这样的一个故事：一位医学教授，在上课的时候，对他的学生说："做医生最重要的就是胆大心细！"说完，他将一只手指插进满是尿液的杯子里，然后把手指放进自己的嘴里。随后，这名教授将杯子递给他的学生，让他的学生照着他的样子做。有的学生觉得太恶心，怎么说也不愿意做。有的学生很听话，强忍着恶心做完了。看到这样的情况，教授哈哈大笑："这个实验至少证明了你们谁是大胆的，谁是胆小的，但在细心方面你们做得还不够。你们难道没有注意到，我伸进杯子里的手指是食指，放进嘴里的手指是中指吗？"王健林想通过这个故事，告诉他的团队成员，在工作中一定要注意细节。

在产品开发上，王健林更是力争精益求精。王健林接手万达后，依靠细节优势，连获多项殊荣：万达香海花园成为当年国内唯一一个联合国人居大会的商品房示范小区、名泽苑成为当时大连市最高档的楼盘、雍景台获建设部鲁班奖、星海人家和长春明珠均获全国住宅设计智能社区金奖。

2001年，当万达将重心转向商业地产之后，没有停止对住宅领域的升级步伐。2006年，万达宣布：万达将致力于高端豪宅、奢华别墅的开发与研究。当时启动的海景豪宅大连明珠和北京万达大湖公馆，都成为中国城市豪宅的样本。之后，以"万达公馆"命名的豪宅更是遍布全国，受到市场的热烈追捧。这些都是万达精益求精的结果。每一座万达公馆都力求精益求精，成为引领国内豪宅创新的杰出典范。

王健林认为，每一个细节展示，哪怕是一颗小小的螺丝钉，都是对客户未来完美生活的承诺。只有力求完美，质量才会在一次又一次的精益求精中不断提升。

王健林非常注重企业微观方面的管理内容。不管做什么工作,他都力争从细节入手把工作做细,从而在企业中形成一种管理文化,注重战略百分之百的执行,从而使企业具有极其强大的竞争力。王健林说:"中国绝不缺少雄韬伟略的战略家,缺少的是精益求精的细节执行者;绝不缺少各类管理制度,缺少的是对规章条款不折不扣的细节解释。很多企业家一提战略,就是宏大叙事,就是战天斗地,就是争创一流、走向世界。有远大的目标和使命感是值得称赞的,问题在于,没有对细节孜孜不倦的追求,再远大的目标也只能流于口号。"

06　用高效的管控模式，去造就高效的执行力

老板的思想、行为方式、认识水准，都会深刻地影响企业的员工。所以，万达每年都会投入上千万元的培训费用，促进员工的学习。通过抓培训，使员工真正成为万达人。企业领袖的魅力，无时不在深深地影响着员工，也必然会强势推动企业的执行力。企业没有完成不了的目标，只要事先做好一切管控，便能高瞻远瞩，垂手而治。

——王健林

提起万达，人们都会想到万达是一个追求速度制胜的企业。万达每到一处，都要建一座万达广场，而且一定要在 18 个月内建成开业。对速度的追求，使万达的职业经理人，都练就了不折不扣的执行力。

在万达内部，流传着这样一句话，叫作"万达开会，没人敢睡"。万达开会的一些常规做法，完全是一种高效的会议模式。正是这种模式，打造出了一个庞大的万达商业帝国。

模式之一，从不打印的工作报告。在每年的万达年会上，王健林都会作一个精彩的大会发言，精彩是因为：他的工作报告都是亲自手写，从不用枪手；他的工作报告只有他自己知道，从来不在会前印刷；他的报告既有宏观分析，也有客观业绩，还有微观褒贬，更有未来走势。一个半小时的报告，酣畅淋漓，让听者大有收获。参加会议的人员必须用笔认真记，因为下午的分组讨论所有人都必须真刀实枪地讲。所以，这样的大会你敢睡吗？你愿意睡吗？

模式之二，精细的会务手册。如果能有幸得到一本万达的大中型会议会务手册，基本就可以组织其他的一些同类会议。关注细节，是万达开会的最关键环节。除了参会必要的流程、参会人员、参会的主题、会议每一个议程的时间外，连参会人员每人每天每场在哪个桌子开会、需要穿什么服装、在哪个餐厅和哪个位置就餐、参会当天的天气如何等都作了详细的说明和介绍。

模式之三，万达开会没人敢迟到。很多公司大大小小的会，慢悠悠来的人不在少数，既影响大家的情绪，又影响开会的效率。然而在万达，如果你敢迟到，你一定会很难堪！这不是指要罚你多狠，指的是你自己的心理体验，很难堪。曾经有个总经理级别的领导第一次开总裁会，当时通知的时间是9点，他"掐点"去的，一进会场，大家都用异样的眼神看他，看得他心里直发毛。会后，有同事好心提醒：下次早点来吧，就你敢"掐点"来。第二次开会，他提前5分钟来了，但是还是被每个人异样的目光"瞩目"了一番。他不解，后来才知道，在万达开会有个不成文的规定：大大小小的会，下一级一定会比上一级早到5~10分钟。这不仅是一种尊重，更是一种对待会议的态度。

模式之四，准时开会、准时散会。在万达，基本上是会议手册定的几点散会就会几点散会，极少有拖延开会的现象。开会时，万达一直做到：会议通知时就明确会议开始及结束的时间；合理安排切实可行的会议议程，明确每件事项的讨论时间；会议主持人必须有效调动与会人员的积极性和控制好会议时间。对于一些重要的会议，有的与会发言者要提前预演，有时还不止一遍。在万达，几乎所有人都能做到说几分钟就几分钟，只会缩短，不会延长。

模式之五，开会发言只捞干货。万达开会从来没有空话、废话，开会是要解决问题的，不是来听某一个人唠叨的。万达开会也用幻灯片，但都是极简风格，有规范模板，杜绝花里胡哨。一般开会不许超过 10 张幻灯片，给董事长、总裁汇报基本不会超过 3 张。当然这 3 张都是筋骨，筋骨后基本上都有超链接，如果领导问细节，后面有更细的。一家企业要来万达学习取经，涉及管理、财务、人力、管控、信息化、纪检、企业文化等方方面面。万达每个板块的一把手每人讲述一刻钟，每人 10 张幻灯片，效率之高、干货之干，令那家企业高管们惊叹不已。

模式之六，开会不许找替身。参会各方不能随便派人听听会、走过场。派来的人要能拍板，能定意见，参会不是代表个人，是要代表部门参会，不能涉及部门时说："不清楚""不归我负责""我回去汇报后才能确定"。一句话，找个能管事的来开会就对了。领导问什么就答什么，不能答非所问。汇报不能找替身，如果副总裁听会，必须总经理汇报，如果总裁听会，必须副总裁汇报。这就保证领导必须身体力行，必须全面了解，绝不允许你找个具体负责的人来替你作汇报。万达的高管，个个都是行家，谁也蒙不了谁。

模式之七，会后不落实等于会白开。不要以为开完会就可以一拍屁股走人，万达的重要会议都有纪要，也不要以为有了会议纪要就万事大吉，万达还有一套强大的会议督办系统。开会确定的事会落实到每个人每件事、到具体时间段。万达每个部门每周至少有一次例会，每个月有月会，季度会，还有半年总结会和全年大会。最常见的是每个部门的周例会，为了跟踪会议纪要中涉及的行动计划及重要工作，万达自己开发了一个任务追踪系统，目的是通过量化的指标来跟踪会议落实情况。

作为国内知名的企业，商业地产的标杆，万达的执行力是有目共睹的。万达与沃尔玛就像一对孪生兄弟一样，哪里有万达，哪里就能看见沃尔玛的身影。2001年，长春万达广场作为万达的第一个商业地产项目建成后，沃尔玛的身影就出现了。当时的沃尔玛，还没有真正地看好万达，只是抱着试试看的态度与万达合作，因而提出的合作条件都很苛刻。但王健林却对与沃尔玛的合作充满信心，在他看来，沃尔玛不仅仅是商业上的合作伙伴，还应该是学习的对象。

应该说，万达高效管控模式的雏形，就来自于沃尔玛。自从万达与沃尔玛结缘开始，王健林就盯上了沃尔玛先进的管理经验，很快就发现了沃尔玛管控模式的高效性和科学性。由此，王健林迅速带领着万达的管控高层，开始效仿沃尔玛的管控模式。

万达在建立自身管控模式时，充分吸取了沃尔玛管控模式的三大特色：一是中央集权的管理体制；二是倒金字塔式管理体制；三是高效的信息管理体制。充分吸收了沃尔玛的三点经验后，万达建立起了具有自身特色的管控模式，并且提出了两项原则：一是管控模式一定要基于全产业链视角进行构建；二是管控模式一定要基于订单式模式构建。

王健林认为，建立高效的管控模式，对企业未来的发展是非常重要的。自从这种高效的管控模式建立起来以后，万达创造了一个又一个的奇迹。人们觉得万达的高效是不可想象的。这种高效的管控模式，成为万达谋求发展的关键，对万达的壮大起着事半功倍的效果。

第七章

强势的品牌是用之不竭的资本

01　善于用诚信来铸造强势品牌

人无诚信不立，业无诚信不兴，社会无诚信不稳。不管是个人还是企业，都必须将诚信摆在首位，万达因此形成了以诚信为本的企业文化。不论企业发生什么样的变化，企业文化最核心的价值观始终没有动摇。由此，很多消费者对万达的产品十分信赖，并主动购买万达的产品，使万达建立起了自己的品牌。因而可以说，万达是用诚信铸就了自身的品牌。

——王健林

提起诚信这一话题，王健林总爱讲万达所做的三件事：一是主动增加开发成本，确保开发楼盘达到市优以上质量标准；二是在销售环节做出三项承诺，房屋交工 60 天内业主可以随意退换；三是开发商业地产为消费者负责任，项目甚至可以炸掉重建。这三件事，虽然万达付出了很大的代价，但换来的是企业快速发展和万达品牌的强势建立。

王健林认为，诚信是一个永恒的话题，中国人已经讲了几千年，而且依然在讲。孔子说："人而无信，不知其可也。大车无輗，小车无軏，其何以行之哉？"意思是说：做人不具备信德，就不知道他有什么可取之处了。这好比牛车缺乏輗、马车缺乏軏，这样的车靠什么行路呢？

王健林觉得，中国改革开放 30 多年来，尤其是经济转型的 20 多年来，很多企业不再重视诚信，甚至对诚信十分漠视。一些不诚信的行为，严重地损害了企业的形象。对于企业的生存发展来说，这是至关重要的。一个没有诚信的企业可能会赢得一时的利益，但从长远来看，肯定会以失败甚至倒闭而告终。

王健林一直铭记着李嘉诚说过的"你以诚待人，别人才会还以诚信"这句话。王健林说："人无诚信不立，业无诚信不兴，社会无诚信不稳。不管是个人还是企业，都必须将诚信摆在首位，万达因此形成了以诚信为本的企业文化。不论企业发生什么样的变化，企业文化最核心的价值观始终没有动摇。由此，很多消费者对万达的产品十分信赖，并主动购买万达的产品，树立了万达品牌。因而可以说，万达是用诚信铸就了自身的品牌。"

经过近 30 年的苦心经营，王健林把万达集团从一个小小的民营企业，发展成为中国一流、全球有名的现代化企业。这其中，无疑充满了艰辛和巨大的挑战。进入 2010 年中期，万达少则数百万，动辄几千万甚至几亿、几十亿的投资项目，让万达名扬海外，王健林早已不是当年那个堵在银行门口等银行行长批贷款的王健林了。

2015 年 1 月 21 日，万达以 4500 万欧元（约合 3.2 亿元人民币），收购了西班牙马德里竞技俱乐部 20% 的股权，成为首个欧洲顶级足球俱乐部的中国企业投资者。仅仅过了两天，万达又一笔收购发生在遥远的大洋洲。2015 年 1 月 23 日，万达刚以 3.31 亿美元的价格，收购了全悉尼位置最好的两个地块，并计划投资 10 亿美元，打造综合体项目。而此前，万达还曾经出资 26 亿美元，完成了对美国院线 AMC 的并购，让万达一举成为全球最大的影院运营商。紧接着，王健林又考虑控股狮门影业，还与好莱坞"巨头"米高梅接洽，讨论投资事宜。有着这么多的大手笔，万达似乎做什么大事都"不差钱"。万达商业地产的融资规模曾经达到了 42.7 亿美元，刷新了全球房地产行业首次公开募股（IPO）的历史纪录，而万达院线挂牌上市后，也出现了连续涨停的现象。

谈到诚信，王健林总会提起沈阳太原街万达广场炸毁重建的事。当初，太原街万达广场刚刚建成后，多数买家回报率极低，甚至颗粒无收。于是，有几百位客户集体对万达提起了诉讼。最后，虽然万达赢了官司，但王健林却说："我们不能赢了官司输了人心，消费者利益受到损失，万达一定要管。"

王健林组织公司相关人员，反复研究改进方案。公司首先请一批专家来看，说广场空间缺一个盖，有盖挡住雨雪，生意就好了。万达就花几千万元搭了个盖，可效果还是不好。后来有人说，广场地下室的交通不好，万达又搭了好几个扶梯接起来，可生意还是不好。后来又有人说，招商不对头，万达把一批商家换了下来。太原街万达广场折腾了三四年时间，都不行。最后，王健林得出结论，是"娘胎里带来的毛病"。王健林制定的解决方案是：10 亿元现金赔偿业主退铺，外加 5 亿元炸毁重建。王健林说："万达退赔的时候，很多业主感动得当场哭了。"这件事，王健林之所以在不同场合反复提起，就是为了以此来说明做人须讲诚信的道理。

万达自创立以来，就一直坚持着诚信做事的理念，即使在房地产市场完全是卖方市场的时候，万达也没有抛弃这一理念。在房地产市场对销售面积没有严格要求的情况下，虽然很多房地产公司将实际面积仅有 50 多平方米的房子当作是 60 平方米的房子来出售，但万达并没有效仿这些公司的做法，而是严格地按照设计图纸上的实际面积卖房。正因为如此，万达逐渐得到了消费者的认可，从而树立起了自己的品牌。

万达讲究诚信还体现在一些细节方面。如果万达在合同上表明交房日期，那么公司绝对会在合同日期之前交房，从来没发生过拖延交房日期的行为。万达讲究诚信的形象，早已在行业内建立起来。正因为如此，很多公司愿意和万达合作。与万达合作，人们从来不担心会发生延期交房等违约现象。

万达自创建以来，在王健林的领导下，逐渐形成了以诚信为核心的价值观念。早在 2003 年，万达聘请新加坡华新世纪公司整理万达的企业文化时，新加坡华新世纪公司与万达部门经理以上的人员进行了普遍的访谈，结果发现，万达绝大多数人，都将诚信作为了企业核心价值观。从中可以看出，诚信已经在万达人的心中根深蒂固。

万达自创建以来，所开发的房子空置率几乎为零，大多数房子都是一经开发，很快就被抢购一空。之所以会发生这种现象，主要是因为万达的品牌已经得到了人们的认可。王健林说："企业要想得到人们的认可，并铸造出强势的品牌，就必须坚持诚信经营。"

02　打造有使命感的团队品牌

　　强化员工的使命感，远比培养几名人才更为重要，因为使命感可以让一个人变得更成熟、更强大。而在强大的使命感的支配下，不仅可以充分调动起企业员工对待工作的高度责任感，还可以激励员工站在企业的高度、从企业的整体利益出发去思考问题，从而调动员工工作的积极性。

——王健林

　　业界都知道，万达有着超强的执行力。这种执行力源于万达拥有一支有使命感的强大团队。有使命感的团队，成为王健林带领万达创造一个又一个辉煌的人力基础。

　　王健林认为，在企业管理中，尤其是企业管理者在打造一支团队的过程中，使命感是成就一个卓越团队不可或缺的要素。他说："强化员工的使命感，远比培养几名人才更为重要，因为使命感可以让一个人变得更成熟、更强大。而在强大的使命感的支配下，不仅可以充分调动起企业员工对待工作的高度责任感，还可以激励员工站在企业的高度、从企业的整体利益出发去思考问题，从而调动员工工作的积极性。"

在万达的一次内部会议上，王健林就如何打造一个有使命感的团队，提出了十条意见。

一是找对人就成功了90%。王健林说，任何事情都有一个关键点，抓住关键点就可以解决90%的问题。在建立团队的使命感这件事情上，我认为关键点就是找对人。每个团队都有每个团队的气质，就像每个人都有自己的性格一样。趣味相投的人，他第一天来上班就会让人感觉非常熟悉。而趣味不相投的人，他即使上了很多天的班也让人感到非常陌生。请相信我，你别以为通过培训就可以改变一个人的思维方式，那会让你付出90%的时间只能获得10%的效果。你的团队文化塑造工作，90%取决于面试的那几十分钟。我觉得，我们万达的人，需要具备这样一些特点：自我驱动，有强烈的愿望成为一个出类拔萃的人，而非安安稳稳地过小日子；专注纯粹，愿意对所做的事情投入100%的精力，而非总是想着给自己留条后路；勇敢乐观，敢于挑战高难度的任务，而非畏首畏尾；善于学习，求知若饥，虚心若愚，拥有持续进步的能力，而非坐吃山空；有责任心，看到问题能够指出问题并解决问题，而非视而不见或者抱怨别人。有人可能会说，你要求太高了吧，这么完美的人哪有那么多啊？我想告诉大家一个残酷的真相：好的人才总是扎堆聚集的，因为他们很难在一个平庸的团队里生存，这就叫物以类聚、人以群分。如果你的要求很高，你就会有越来越多的高素质人才。如果你让平庸的人进入团队，那你就会让其他的人难过，最终让整个团队平庸。

二是使命感是激发出来的，不是灌输进去的。王健林说，没有人会为了别人的事业卖命，所以，别认为自己真的有能力给别人洗脑。你能做的仅仅是激发员工对于成就感的渴望，然后帮助员工去实现它。我经常会问我的团队这几个问题：你的梦想是什么？你来万达想获得什么？要获得这些东西，你会怎样做？当员工自己回答完这几个问题之后，我就不用说什么了，他们已经知道自己该怎么做了。他们在实现自己梦想的同时，也会帮助公司实现自己的梦想。

三是远景目标要足够大，短期目标要比能力高一点。王健林说，我越来越相信成功真的不难。当出现机会的时候，90%的人会因为害怕失败而放弃，你只要做了，就直接打败90%的人。所以，要获得足够大的成就，先要有足够大的梦想，然后勇敢的去尝试。千万别不好意思画饼，这个饼不是画给老板的，它是画给员工的。你不给大家一个遥不可及的梦，大家怎么有动力跟着你去改变世界呢？远景目标是用来憧憬的，它的作用是给团队指明方向。短期目标是用来激励的，它的作用是给团队加满油。我从一个过来人的经历来看，对员工最大的激励不是薪水和职位，而是成长。如果你给了团队一个高于他们现在能力的目标，帮助他们完成了，让他们获得了成长，那种感觉是极其美妙的。

四是信任驱动而非绩效激励驱动。王健林说，开过车的朋友可能会有这样的经历：如果一个人坐在副驾驶的位子上总是指挥你，一会儿大叫前面有人赶快刹车，一会儿说你怎么还不变道，无论他是谁，你都会有想把他推下车去的冲动吧。谁都不愿意被像个提线木偶那样摆弄。如果你想让员工把工作当作自己的事情来做，就要把他当成年人对待，给他足够的信任，管理他的工作目标而非工作过程。如果你给员工绩效激励，那你只能收获绩效激励的结果。如果你给他信任，那你会收获更多。

五是打破权威，分散决策。王健林说，团队必须要有领导，但是最好不要有权威。没有人是全知全能的，这是谁都知道的常识，为什么一定要让某个人承担所有的决策责任呢？树立权威对团队的伤害是非常大的，它会让团队成员放弃独立思考的能力，放弃自己的责任，他们会说："因为当时老板说要怎样怎样，所以我们才失败了。其实如果那样，我们就不会输。"勇敢地把权力分散下去吧，那不会给你带来多少损失，却会给你带来极大的收益。信任你的下属比你更加专业，他们的信息比你更全面和及时。最关键的是，你只有给了他们权力，他们才愿意承担责任。如果你还不信，那么我告诉你，谷歌、腾讯、小米都是这样做的，明道也是这么做的。万达这么做，让我觉得很轻松，我的员工也觉得很开心。

六是同甘共苦的经历。王健林说，共同的经历、共同的回忆，是一个团队最好的精神黏合剂。

七是足够的物质回报。王健林说，财散人聚，财聚人散。再多的钱可能也买不到员工的使命感，但是没有足够的钱，员工一定没有使命感。

八是足够的上升空间。王健林说，好的人才离开，无非就是两个原因：一是钱没给够，二是做的事情没有挑战。原地踏步会让人没有安全感，员工害怕自己没有进步而被职场淘汰，只有不断进取才会感觉到安全。员工和公司其实是在赛跑。公司跑得快，员工会被淘汰；员工跑得快，公司会被淘汰。

九是信息的充分透明。王健林说，在科层制的组织架构下，信息壁垒严重，部门和部门之间互相不了解，领导和一线员工互相不了解，员工和员工互相不了解。如果团队成员互相都不熟悉，怎么可能有共同的使命感呢？蚂蚁金服董事长兼CEO彭蕾曾经在阿里巴巴组织部大会上，点名批评了那些从来没有登陆过阿里味（阿里巴巴员工论坛）的高管，并要求所有高管必须经常上阿里味，她的目的无非是让管理层听得到一线的声音。在万达，通过内部的明道网络，每个员工不仅可以获得和自己工作相关的信息，还能获得其他同事、其他部门的信息。

十是超越工作的伙伴关系。王健林说，当前面这些条都做到的时候，这个团队一定就不是简单的工作关系了，它一定是超越工作的伙伴关系，每个人都会开心地喊出："我爱我的团队！"

03　培养消费者对产品的忠诚度

　　品牌就是消费忠诚度，创造品牌的目的就是让消费者消费，而且是不断消费，买一次不买了的不叫品牌。举个例子，欧洲有三五代人的家庭，从爷爷辈儿开始就买宝马品牌。还有人用化妆品就只用一种品牌，为什么呢？就是建立了消费忠诚度。纽约百老汇，就那几部音乐剧，到现在人们去纽约还是要看百老汇。

——王健林

　　王健林认为，随着经济全球化的推进，很多中国企业都走出了国门。在产品推向世界各国的同时，很多企业的管理者都意识到了一个问题，就是企业不能仅仅卖自己的产品，更要卖自己的品牌。因为品牌是企业的核心竞争力，只有企业的品牌过硬，企业的产品才有可能得到消费者的认可，并赢得消费者的信赖。

　　在王健林看来，品牌树立的过程，就是培养消费者对产品的忠诚度的过程。他说："在进入品牌竞争的时代后，品牌已经成为这个时代的鲜明特征。企业没有创建自己的品牌是危险的，因为没有品牌的竞争是无力的，是无法在竞争中取胜的。企业只有具有了自己的品牌，才有能力和竞争对手一决雌雄。"

英国传媒巨头、WPP集团行政总裁马丁·索罗爵士，在大连参加首届夏季达沃斯年会时说："与发达国家的企业相比，中国企业的最大优势在于善于学习，他们能很快地学到发达企业几十年甚至近百年的生产和管理经验，并很好地付诸实践，而很多发达国家的企业已经丧失了这种学习精神。"他还说："除了产品，中国的品牌也正在逐渐走入国际市场。中国企业不仅要提高自己的知名度，更要培养消费者对产品的忠诚度，尤其是在欧洲和北美市场。消费者的忠诚度提高了，你的价格就可以定得更高，这就意味着你能获得更高的利润。现在，很多中国公司已经意识到了这个问题，联想收购IBM的个人电脑业务就是很好的一个范例。"

近30年来，万达始终在商海中立于不败之地，赢得人们的口碑和敬仰，主要因素就是公司董事长王健林善于在创新中打造品牌。在一次演讲中，王健林强调万达要从三个方面来理解品牌。

第一，品牌可以是物理的也可以是精神的。王健林说，不能把品牌仅仅理解成产品，宝马、奔驰是品牌，但阿凡达、美国超人、莎士比亚的戏剧也是品牌。

第二，品牌就是消费忠诚度。王健林说，品牌就是消费忠诚度，创造品牌的目的就是让消费者消费，而且是不断消费，买一次不买了的不叫品牌。举个例子，欧洲有三五代人的家庭，从爷爷辈儿开始就买宝马品牌。还有人用化妆品就只用一种品牌，为什么呢？就是建立了消费忠诚度。纽约百老汇，就那几部音乐剧，到现在人们去纽约还是要看百老汇。

第三，品牌要有差异性。王健林说，不管是文化因素、营销手段还是产品的差异，建立起与别人不一样的地方就是品牌。

王健林认为，中国正处于从制造大国向制造强国转变过程之中，尤其需要打造具有中国影响力的文化品牌。中国最缺少的，就是文化方面的品牌。正因为文化品牌稀缺，文化品牌需要打造的时间更长，因此需要提早规划。

就为什么打造文化品牌的问题，王健林强调了三个方面的因素。一是因为文化品牌影响力大。王健林说，以阿凡达的为例，一部电影改变了行业，其中 3D 技术的应用在阿凡达之后获得新生。二是持续时间长。王健林说，商品品牌很少有做到百年的，但文化品牌可以持续几代人，甚至几十代人。莎士比亚创造的哈姆雷特形象依然长青。三是文化输出思想和价值观。王健林说，美国人不仅卖产品，而且潜移默化地输出了其价值观。美国第一输出的不是军火、汽车而是他的文化产品。一个美国占了全球文化产业的60%，而且美国政府尽力给补贴，向全球输出文化。因此王健林认为中国需要从现在开始打造具有国际影响力的文化品牌。

王健林认为，营销的目的在于成交，而实现成交最重要的是产品，最关键的是客户，只有客户建立了长期的品牌忠诚度，才能实现利润的最大化。

王健林觉得，所谓的"品牌忠诚度"，指的就是消费者对品牌产生感情并形成偏爱，长期重复购买该品牌产品的行为过程，是品牌价值的核心，反映了对该品牌的信任和依赖程度。所以，培养客户品牌忠诚度是让其对品牌产生感情。生活中，人们在被问到为什么要用某某品牌产品的时候，常常会这样回答，这品牌的产品品质不错，我一直喜欢用。这个简单的例子，就可以说明客户喜爱并忠于一个品牌，在于产品的品质契合自身的需求，而好的产品更能承载品牌的内涵和文化，更是忠诚度的基础。但是，有好的产品还不足以抓住客户的心，有了好的产品还需要不断地推出新品，刺激大众的消费兴奋点。比如家电行业的格力、海尔，手机市场的华为、OPPO 系列，他们每年的产品推陈出新，就是基于品牌黏性和产品销量的考虑。

　　王健林认为，不断创新升级产品，是客户对品牌产生感情的基础；提供更品质化的服务，是客户对品牌产生依赖的关键；有效地沟通互动，更能加深客户对品牌的感情；只有不断满足客户的需求，才是培养品牌忠诚度的立足点。他说："培养品牌的忠诚度，不仅在于创新产品、人性化服务、有效地沟通互动，更在于不断地满足顾客的需求，只有顾客的需求得到满足，才能增加品牌的黏性，进而产生挚爱和忠诚。"

04　善于与媒体互动，让媒体为我所用

中国房地产泡沫，我觉得是被外国的媒体，或者中国的媒体，特别是外国的学者放大了。因为他们看中国，都是站在美国、站在英国那些地方来看中国，他们不是真正地身处中国。在这儿生活几年或者十几年，或者跟这个行业的人整天打交道，再作出相应的判断，得出的就不会是这样的结论。这些知名学者，很少到中国来，来了也是走马观花遛一趟，回去就发布了对中国全面性的一个论断，认为中国大的泡沫马上就要破了，这是完全不切合实际的。

——王健林

王健林觉得，从万达近30年的经营实践来看，媒体对商业活动的影响非常重要。商业场所的营运活动在完成了内部资源整合和有吸引力的策划之后，接下来要做的，就是广而告之，让更多的人知道并参与其中。这时，就需要借助媒体的力量来进行大众传播，以提升活动效果。因此，只要充

分发挥媒体的作用，让媒体为我所用，就可以营造更加浓厚的商业氛围，创造出更大的商业价值。

为此，每逢重大节假日，万达都会在全国各地的商业场所，结合广场内的营销活动，运作相应的广告及新闻宣传。以南京建邺万达广场为例，在2010年的营销推广费用中，有近一半都用在了媒体宣传推广上。巨大的媒体宣传投入背后，得到的回报也是相当可观的。王健林觉得，只有与媒体实现有效互动，才会收到最好的营销效果。

作为各大媒体的宣传广告主，万达广场经常面对众多的媒体。如何与众多媒体实现良性互动，并产生最好的效果？南京建邺万达广场的做法就是最好的范例，对万达如何利用媒体做好宣传有启发意义，其做法体现在以下几个方面。

第一，在利用电视媒体方面。电视可谓现代广告的主角，也更加贴近大众。因此，与知名频道的特色栏目形成互动，成为万达宣传营销的最佳选择。在南京万达金街首批商户入驻活动中，结合街区内餐饮商户多的特点，万达与南京当地最具影响力的美食类电视节目《标点美食》合作，在街区内举办了一场由50多位餐饮投资者参加的"南京餐饮高峰论坛"。这次活动虽然由电视台主办，但议题、节奏、参与成员完全按照万达事先的要求实施，达到了一般广告难以达到的良好效果，因而吸引了众多有意向的商户纷纷来电咨询。万达对这次活动支付的费用还不到5万元，却得到了超过10次的宣传报道和一次专题报道，可谓回报超高。

第二，在利用广播媒体方面。广播的时效性最为明显。万达广场与城市的传统商圈还有着一定的空间距离，消费群体中有车一族占了很大比重。因此，利用广播这一传播手段是非常有必要的。在南京，万达主要选择FM102.4交通台，利用其针对性强的特点，在整点报时等栏目中，及时传递万达广场的相关活动信息。

第三，在利用网络媒体方面。在信息满天飞的互联网时代，网络是互动性最强的新媒体。万达除了重大节假日会发布一些首页广告外，还会利用网络互动的特性，主动派专人在西祠、365网站等本地热门网站的热门讨论版中"灌水"，并和"版主"建立良好的关系，充分宣传广场的活动信息，同时也收集网民对广场的建议和反馈。

第四，在利用报纸方面。从当下的职业和教育程度来看，阅读报纸的人数也相当可观，2010年6月，建邺万达广场举办了年中庆祝活动。在活动前期，万达广场对南京当地的《现代快报》和《金陵晚报》的"端午特刊"主题进行了充分了解，除拿到"买半送半"的费用优惠条件之外，还结合策划主题将广场的促销信息加以包装，巧妙融入整体宣传推广中，起到了良好的效果。

在充分利用媒体宣传企业及其产品方面，万达还注意研究和掌握新媒体时代的几条营销规则。

一是个人化规则。众所周知，营销其实就是为企业设计完美的"品牌人格"。与客户的沟通，就像是敞开心扉的谈心，让人听到的是自然、轻松、本性流露的娓娓而谈，而不是装腔作势。因此，与其煞费苦心地为企业设计一个精致的公众形象，倒不如直接在企业内部选择一位真诚实在的人来代表企业。这样，客户听到的内容也会是真实坦诚的，且更具说服力。使用真人来代表企业，最简单的方法之一就是让企业的CEO建立一个博客，在上面代表企业对外发言，也可以找一名杰出的员工代言企业。

二是开放性规则。企业往往对传达给市场的信息进行严格控制。但是，真正的沟通并非自言自语的独白，而是你来我往的交流。只有当你坦诚地与客户对话时，才能既赢得客户信任，又获取重要的市场情报。怎样才能开展坦诚的对话呢？对客户，要积极诚恳地争取反馈，并认真听取客户建议；对员工，应该以开放的胸怀传递即使是对自己不利的信息；对竞争对手，则要表现得更加坦然。

三是趣味性规则。在过去，一旦设计好了自己的品牌和准备传达的信息，就会立即着手研究如何将这些信息投放到影响力最大的媒体中。但是，在当下，许多企业不再去寻找适合做广告的媒体，而是试图开辟自己的媒体空间。建立的空间可以分为三种类型：可以展现个人和企业专业知识和信息的专家空间；激起受众共鸣，并给他们以鼓舞的激发空间；授权客户来创造有趣内容的授权空间。

四是与客户同在规则。一直以来，营销开支中最重要的决定性因素是到达消费者所耗费的成本。其实，与其关注成本不如关注成效。最重要的，可能并不是到达消费者所耗费的成本，而是到达的地点、时间和方法是否恰当。企业更应该多花些时间，跟随目标客户并融入他们的生活，在他们需要的时候出手相助，和他们建立亲密的关系。

五是多元化选择下的及时反馈规则。传统的营销通常会包括一些大型的产品发布活动，而这些活动一般意味着许多个不眠之夜及紧张的倒计时。若最终一切都很顺利，那么皆大欢喜；而一旦出现闪失，则很可能满盘皆输。

05 老实做人，精明做事

　　做生意不能骗人，也不能被人骗。欧洲有一句谚语说："骗我一次是你的错，骗我两次是我的错。"万达提出一个口号：老实做人，精明做事。老实做人，就是自身诚实，靠真功夫发展；精明做事，就是小心谨慎，不被别人骗。

——王健林

　　业界人士都知道，万达形成的企业文化，已经达到了相当高的程度。但是，营造这样的企业文化，绝不是一蹴而就的，而是经过多年的循序渐进，逐步得以完善的。从 1988 年创立到 1997 年，万达曾用了整整 8 年的时间，集中打造"老实做人，精明做事"这一核心理念，企业文化的重点就是诚信经营。

　　现在看起来，许多人都觉得万达提出的"老实做人，精明做事"这一口号非常简单，但在当时，确是一件非常了不起和非常有魄力的事情。20世纪 90 年代，中国的房地产市场还处于极度混乱的状态，几乎是毫无章法可言，没有土地出让制度，销售也不需要许可证，只要有本事拿到地，就可以玩"空手道"，就是先卖期房，等拿到钱后再建房子。

1988 年，大连市西岗住宅开发公司，也就是万达的前身成立后不久，总经理就遇到了经济问题，公司负债总额达好几百万元，企业生存难以维系。当时，大连市西岗区政府提出，如果谁有本事把这家公司救活，把公司的欠款全部还上，就让谁接手经营这个公司。而正在西岗区政府担任办公室主任职务的王健林，得知这一消息后，便主动请缨，接管了这家公司。就此，王健林迈出了踏入房地产行业的第一步。

不久，万达开始正式开发房地产项目。项目开盘前，王健林去销售部检查工作时，销售部经理向王健林汇报说，公司主管销售业务的副总经理之前交代，公司卖房的时候，每套房子都要多算点面积，以此达到多卖钱的目的。王健林听到这一汇报后，感到很吃惊。看到王健林吃惊的神态，销售部经理解释说，副总经理觉得现在的房地产开发市场都这样，很多人都在虚加面积，我们公司还算加得少的，加与不加，加多加少，都不会有人管。王健林听后，不假思索地阻止了加价行为，并要求销售部必须按照实际面积老老实实地卖房子。在他看来，多算面积的做法就不是老实做人，而是一种地地道道的欺骗行为。

从接手万达之初，王健林就一直秉承"老实做人，精明做事"的经营理念，而且企业经营者和全体员工都一以贯之，这也是万达近 30 年来始终走在行业前列、担当行业风向标的主要原因。

关于老实做人的问题，尤其是在企业的销售环节，王健林强调有六种人特别值得注意。

一是怕死的人。怕打电话，怕见客户，一个怕字，就让这个人失去了在销售市场立足的机会。销售的门槛很低，销售也是职场中人数最多的行业，强者生存，弱者淘汰，这点在销售行业体现得淋漓尽致。

二是等死的人。想做好销售就要时刻掌握主动权，被动等待只有死路一条。你可以不主动联系客户，可以不给客户做人情，但你能保证竞争对手不去做吗？客户跟竞争对手合作了，你只有死路一条。

三是想死的人。这个世界永远不缺想法，但一定缺行动，晚上想想千条路，早上起来磨豆腐。销售的技能技巧都是通过实战自己领悟出来的，别人教的永远是别人的，是别人通过实战总结出来的。别人成功的方法不一定适合你，你不去经历永远体会不了里面的精髓。

四是累死的人。身体是革命的本钱，每天把自己搞的身心疲惫，最后身体垮了，那就得不偿失了。高手做销售都是很快乐的一件事，如果一个人做销售感到很累，那就需要调整了，要多跟高手学习。

五是小气的人。在职场销售中，一个人会遇见各种不同行业、不同性格、不同脾气的人。客户在提出拒绝时，其中不乏一些客户还会说出骂人、损人、打击人的话。作为一个销售员，没有一颗宽容的心，那还不得被客户活活气死。面对这些客户，就三个字：莫生气。

六是懒死的人。王健林说，一分耕耘一分收获，没有付出哪来的回报。销售在一定程度上是很公平的，付出的多自己得到的就多。

要想达到老实做人的程度，必须以诚信为本。为此，王健林提出了八个方面的依据。

第一，诚信是我们企业的核心价值观。关于企业的价值观问题，我尽管提出了诚信、廉洁、节约、舒心八个字，但我认为，诚信是我们最核心的价值观。孔夫子讲"民无信不立"，现代企业竞争这么激烈，要想真正站住脚，就得靠诚信。

第二，诚信就意味着付出，诚信要准备比别人承担更多的责任。讲诚信不意味着收获，不为多索取。但我认为，这种付出是先付出，后收获；先辛苦，后幸福。再进一步说，其实就是吃小亏占大便宜。你讲诚信，多付出，辛苦一段时间，一旦品牌建立，做什么都可以，有无穷无尽的收获。诚信需要时间，需要持之以恒，两三年树立诚信是不可能的，一定要十年八年，或者十几年甚至几十年。

第三，诚信要反映在企业核心理念中。万达经营20多年来，一直把诚信当作核心价值观来抓。20多年前，我们就提出了"老实做人，精明做事"的理念，后来我们根据实践不断提升这个理念。

第四，诚信不仅是企业文化意识，也是道德规范。我们认为，诚信必须要体现在企业的管理制度中。

第五，诚信要做到诚于中，形于外。诚信只有坚持落实到企业的一切经营活动中，诚信的理念才能扎实，才能形成真正的自觉行为。

第六，诚信要表现在企业的商品价值中。企业经营当中，仅仅诚实守信是不够的，还要有更高层次的追求，就是为客户创造价值。

第七，诚信使万达赢得市场。这是因为诚信是市场经济的必要条件，而且万达的实践证明，讲诚信是大有好处的。

第八，讲诚信所付出的价值成本和时间成本都要大一些。做优质工程，材料、人工就要付出多一点儿。诚信的成本高，这是事实。从这一点看，讲诚信吃了点儿亏，但实际上，讲诚信是吃小亏占大便宜。从长远上看，讲诚信获益多多。首先，万达20多年来注重坚持诚信，获得了政府和有关方面的信任；其次，诚信使万达成为品牌；最后，诚信使万达获得新的商机。

06　做品牌要稳扎稳打

品牌就是企业的竞争力。品牌塑造，是给品牌定位，并为品牌定位付诸行动的过程。一个企业，如果打造不出属于自己的品牌，就谈不上什么竞争力了。品牌塑造是一个长期的工程，绝不是一朝一夕能完成的，所以做品牌不能着急，要稳扎稳打，只有这样，企业才能树立起自己的品牌。

——王健林

在王健林的意识中，企业做不大，企业在发展中感觉到后劲不足，与一个企业家是否具有品牌意识有着很大的关系。非但如此，一个企业家的品牌意识，又直接关乎一个企业是否具有前瞻性的发展战略。王健林认为，不少企业本来有着很好的发展潜力，在企业管理上也做得很好，但就是因为这些企业的创建者和管理者没有意识到品牌塑造的重要性，或者说没有重视企业的品牌塑造，从而导致企业在发展中走了不少冤枉路，甚至导致企业经营效益低下，甚至以破产而告终。

王健林认为，很多非常有潜力的企业，就因为没有强大的品牌竞争力，才使得企业的产品无法与竞争对手相匹敌，以致其市场价格无法得到提升，从而使企业竞争力大大降低，甚至最终导致自己被市场淘汰出局。

王健林表示，随着房地产市场的逐步健全，房地产企业要学会打造具有国际影响力的民族品牌，而这就要求房地产公司首先建立起强大的品牌意识。万达在经营过程中，非常注重建立品牌意识。比如，万达以"万达广场"命名的城市综合体，对于消费者的需求研究得非常到位。虽然万达广场在管理方面有一定的缺陷和不足，但是面对消费者日益变化的需要，万达广场不断地改变自己的营销策略，让万达广场形成了品牌效应，并赢得了消费者的信赖和认可。正是因为万达丰富的文化内涵以及品牌意识的建立，才让万达广场的广大消费者形成了万达是一个有内涵、具有高品位的企业这么一种概念，让万达在经营管理中少走了不少弯路。

王健林通过分析国内外企业失败的经历，总结出了导致企业失败的六大原因，非常值得一些企业借鉴。

一是很多企业由于缺乏长远的发展规划，在战略实施的过程中，不断地改变战略，从而使得自身的品牌竞争力不断下降。尤其是那些缺乏明确的战略规划的企业，再加之无法适应市场经济的变化，就只能被市场经济的大潮所抛弃。据埃森哲这个全球最大的管理咨询、信息技术和业务流程外包的跨国公司调查问卷显示，有将近 1/8 的企业家认为中国企业的"战略目标不清晰"。调查认定中国的许多企业在制定战略时，过于关注营业额或利润等，从而忽视了战略定位和实现战略目标的措施，致使企业无法建立强大的品牌，而没有强势的品牌作为企业的竞争力，企业自然无法发展壮大。

二是不少企业盲目地追逐市场热点，在实施战略的过程中，投资过度多元化,这同样是导致企业失败的一大原因。巨人集团曾由于投资领域过多,从而使得这个一度令人瞩目的企业在多元化经营和房地产投资的战役中败北,从巨人大厦的高空中狠狠坠落。

三是不少企业家在做战略决策时过于随意,缺乏科学的决策机制,从而导致企业投资失败。据埃森哲调查问卷显示,31.8%的企业家认为导致企业破产的原因是企业在实施战略前,没有对战略决策进行评估,盲目地进行投资,从而导致投资失利,企业的资金链断裂。

四是投资前,对市场竞争环境的认识有失偏颇,缺乏正确的客观分析,这也是导致企业无法发展壮大的一大原因。这在房地产行业表现得较为明显,具体表现为:不少人过于热衷房地产行业,手中的资金一多,没有对市场进行分析,便将其投资到房地产行业了。

五是不少企业的战略计划过于"书面",可操作性不强。据埃森哲调查问卷显示,11.4%的企业家认为战略实施计划不具可操作性,使得员工不能顺利落实战略计划,这也是导致投资失败的一大因素。

六是一些企业的战略计划虽然切实可行,事前也经过了科学、客观的分析,但没有取得中高层管理者的支持,这也是导致战略实施失败的一大原因。

王健林说:"在做品牌的过程中,一定不能急躁,要稳扎稳打,建立强大的品牌意识,这样企业的品牌才能立足于市场,并在激烈的市场竞争中占据一席之地。"

在打造企业品牌的过程中,王建林非常善于利用三个舞台。

第一个舞台是万达年会。万达旗下有数万名员工,然而每年有资格参加万达年会的佼佼者只占很小的比例,其余的员工只能通过视频直播来收看年会盛况。万达年会是总结的大会、是表彰的大会、也是员工之间相会交心接力的大会。盛大的场面让每一个人都热血沸腾。能够参加万达年会，成为万达员工的至高无上荣誉。在年会上，员工们可以结识来自全国各地的万达商业地产人才，惺惺相惜、万众一心。年会的重头戏——万达新春联欢晚会，则成为万达人展示才艺的舞台。万达春晚质量高、节目丰富早已有口皆碑，看过万达春晚的媒体同行表示，万达春晚的规模绝不亚于央视春晚。王健林也曾自豪地说："万达年会是万达企业文化的第一品牌。"

第二个舞台是万达通信。万达通信创办以来，已成为万达的一部茁壮成长史。翻开万达通信，再把里面所有撰写过文章的人名都抄录下来，就会发现万达通信里的文章撰写者，很多人都已经成为集团里的中、高管或其他公司里的中、高管。王健林将万达通信打造成了"点将谱"，万达员工每个人都以能在万达通信上发表文章为荣，争先向集团掏出"最能"的一面展示自己。所以万达通信实际上凝结了万达人数年来的实战精华，成了中国的商业地产宝典。

第三个舞台是用好书武装万达人。这是王健林独创的，目的就是为了让万达员工拥有讲政治的头脑、讲道德的头脑、讲礼仪的头脑。王健林一直认为，做商业地产也是在做"人心"，一个企业员工的心有多么广阔，产品的市场就会有多么广阔。因此，王健林在公司内部发起了"万达读好书"活动，向员工推荐《论语》《情商》《愿景》等书籍，使读好书的风气在万达得以盛行。万达人读好书、做演讲，让万达精神空前凝聚，万达品牌更加深入人心。

第八章

人才就是钱，有人才就有一切

01　要不惜代价构建人才梯队

要想让自己的事业长久地发展下去，不构建坚实的人才梯队是不行的。人才是第一资本，人的价值高于物的价值。只有加强人才梯队建设，才能保持企业人才的活力，避免企业陷入"临事"用人的尴尬境地。

——王健林

王健林始终认为，在企业发展的链条中，文化、资金、管理、项目、人才等相关环节，都是不可弱化的，任何一个环节被弱化，都会导致企业发展的停滞不前。在影响和制约企业发展的相关环节中，人才问题尤显突出。一些企业，在自身发展壮大的过程中，常常会遇到人才瓶颈问题。王健林说，多年来，万达一直受到人才瓶颈问题的困扰。为了解决人力瓶颈问题，万达每年都在大连、上海、广州、深圳等不同城市，多次举行大型招聘会，每次投入的资金，都超过 100 万元。此外，万达还会通过第三方渠道，来寻找最合适的人才，把这些人才及时补充到万达的人才梯队。

王健林深知，商业地产虽然也是盖房子，但商业地产与住宅地产是完全不同的。要想让商业地产事业长久地发展下去，不构建属于万达自己的人才梯队是不行的。由此，王健林十分重视万达商业地产的人才队伍建设。他甚至说："要想让自己的事业长久地发展下去，不构建坚实的人才梯队是不行的。人才是第一资本，人的价值高于物的价值。"

在王健林的身上，曾经发生过这样一件事，足以证明王健林对人才的重视程度。万达在刚刚转型做商业地产时，王健林在香港偶然认识了一家地产公司的副总。在与对方接触沟通的过程中，王健林非常欣赏对方的才华。于是，王健林就急切地表达了希望对方能到万达工作的想法。但是，这个副总对大连万达似乎没什么兴趣。

业界人士几乎都知道，王健林是一个看见人才就挪不动步的人。他既然非常欣赏这位副总，就绝对不会轻言放弃。于是，王健林采取各种渠道，想方设法地与这位副总沟通联系。在与对方聊天的过程中，王健林知道对方酷爱汽车，而且最喜欢的车型是奔驰S600。结果，就在两个人聊天后的第二天，这个副总的办公桌上，就出现了一个精美的礼物盒。这位副总打开盒子一看，里面放着一把奔驰S600的车钥匙，而那辆崭新的汽车，就停在这位副总所在办公楼楼下的停车场里。在王健林的诚意之下，这位副总再也没有什么理由拒绝了。就这样，万达的人才队伍中，又加入了一位业界的顶级精英。

由于种种原因，在20世纪90年代甚至到21世纪初期，中国房地产界的精英大多都集中在东南沿海城市。2000年，深圳举办了一次比较大型的"住交会"。住交会的主办方给王健林发来了邀请函。其实，举办方邀请王健林参会，目的只是希望王健林能够提供一些经济上的支持。这次住交会，对于当时远在北方的万达来说，参加不参加没有什么实际意义。但王健林不这样看，他觉得，应该借助这次住交会的大好时机，结识更多的商业精英，让更多的人士了解万达。于是，王健林果断作出了参加这次住交会的决定。在去深圳之前，王健林租下了会场最为显眼的面积达300多平方米的展厅。这样的大手笔，让举办方都感到意外。面对举办方的疑惑，王健林对当时负责万达展台布置的负责人说："这次我们不展房子，大连的房子在深圳展也没什么用。我们这次只展万达的形象，就借这个机会，广泛招揽这个行业的人才。"

当主办方明白了王健林的意图之后，负责万达展台布置的负责人先是在《深圳特区报》上刊登了招聘启事，为王健林来深圳招聘人才营造了舆论氛围。展会开始时，万达又从大连带来了8名形象好、气质佳的礼仪人员。每天，这8名亭亭玉立、光彩夺目的礼仪人员站在万达展台前，面带微笑地迎接着参会的各方人士。这种独特的宣传方式，在展会期间引起了很大的轰动。

在整个展会期间，万达既不摆房子的模型，也不介绍公司目前开发的项目，而是向外界诚心诚意地展示万达的企业形象。在展会的最后一天，王健林亲自出场，召开了一次别开生面的专题招聘会。这次招聘会，收到了非常好的效果，200多名人才离开深圳北上，加入了大连万达。这次招聘的人才，有100多人先后成为万达的高级管理人员。而过了多年之后，其中的五六十人已经在万达担任着重要的职位，甚至还有4人坐到了总裁的位置上。

回忆万达在深圳举行的那次招聘活动时，王健林总是富有感慨地说："如果当年没有深圳的人才招聘，没有当时大规模的人才引进，就不可能有万达的今天。"

王健林认为，企业不注重人才梯队建设，将是一件极其可怕的事情。

182

如果企业在构建人才梯队时，没有长远观点，根本不考虑人才建设，那就会陷入"临事"用人的境地。临事用人，对于企业来说有很多隐患。比如，因为急于招聘而不注重人才质量；因为招聘不到合适的人才，延误了最好的发展良机；因为是空降兵，所以对企业的忠诚度不高，等等。"临事"用人不慎，将使企业陷入困境。

王健林在建立自己的人才梯队时，一直坚持长期培养人才，不断挖掘人才、凝聚人才。他说："只有加强人才梯队建设，才能保持企业人才的活力，避免企业陷入'临事'用人的尴尬境地。"

王健林始终强调，构建企业人才梯队的时候，不需要审视每个职位，但一定要审视那些重要的职位。一个好的企业需要针对一些重要职位采取有计划的继任方案，这一计划每年都需要重新审视，如果有特殊情况，还应更频繁。

在万达，如果说哪一个部门挨王健林批评最多，那肯定是人力资源部。万达人都知道，他们的董事长是出了名的爱才如命。在谈到商业地产的人才标准时，王健林说："商业地产不是会搞住宅就可以做，工程施工在商业地产的链条中只是一小段，仅仅商业地产的规划设计就非常难；做零售业的人才也不一定搞得了商业地产，商业地产的招商，更多的是业态的配比，是零售、餐饮、娱乐、文化、体育等业态比例的合理设计，所以商业地产需要多方面的专业人才，最好是复合型人才。"如此高的人才标准，曾经让人力资源部吃尽苦头。

在构建人才梯队的过程中，王健林还开启了另一条人才战略通道，就是万达与清华大学、同济大学、北京林业大学等国内著名高校签署了"合作委托培养硕士、博士研究生协议"，这些高校，每年都要为万达输送相当数量的高素质人才。

02　为了人才，宁可八顾茅庐、十顾茅庐

　　人才和模式，甚至所有的一切中，人才是最重要的。我在公司里经常讲，人就是钱，有人，事业就可以干出来，有人就可以有一切。我自己就是最明显的例子，我创业时仅有 50 万元，还以每年 25% 的利息借了 50 万元，5 年还本。最终，不是干起来了吗？所以说，我特别重视人才。为了一个人才，宁可八顾茅庐、十顾茅庐。

——王健林

　　2000 年，在深圳举办的住交会上，王健林别出心裁地搞了一次特殊的人才招聘会，结果，有 200 多人从深圳赶往大连，加入了万达。其中，约 120 人先后成为万达的高级管理成员，至今仍有 60 多人在万达担任重要职位，有 4 人在万达的相关公司任总裁。这次招聘，让王健林一下子尝到了选用人才的甜头。

　　2012 年 7 月初，几家猎头公司的网站上纷纷曝出万达为其电商公司招兵买马的消息，集中招募的高管包括首席执行官、财务总监和首席品牌官等，

"报价"之高令业界唏嘘不已。

猎头公司，是指依靠猎取社会所需各类高级人才而生存、获利的中介组织。在猎头公司公布的招聘信息中显示，万达电商部门招聘的平台技术部总经理，承诺的年薪高达 110 万元；主任工程师的年薪高达 90 万元；就连普通工程师的年薪也达到了 38 万元。万达开出的招聘"价码"，明显比其他同类企业高出一大截。即便是近年来发展迅猛的苏宁易购，他们招募的技术工程师，年薪也只是 20 万元到 60 万元。而万达给电商公司总经理这一核心岗位，更是开出了 200 万元年薪的大手笔。

王健林说："人才和模式，甚至所有的一切中，人才是最重要的。我在公司里经常讲，人就是钱，有人，事业就可以干出来，有人就有一切。我自己就是最明显的例子，我创业时仅有 50 万块钱，还以每年 25% 的利息借了 50 万，5 年还本。最终，不是干起来了吗？所以说，我特别重视人才。为了一个人才，宁可八顾茅庐、十顾茅庐。"

王健林就是用八顾茅庐、十顾茅庐的精神，请来了历任谷歌总部电子商务技术部经理、阿里巴巴国际交易技术资深总监龚义涛。2012 年 5 月，龚义涛成为万达电子商务 CEO。之前，在龚义涛的带领下，阿里巴巴创建了针对海外中小型买家的"速卖通"，很快便成为全球最大的在线外贸交易平台。截至 2012 年 11 月，该平台海外流量每天超过 2300 万，覆盖全球 190 多个国家和地区，年平均增速超过 400%。龚义涛就是凭借在阿里巴巴的惊人业绩，赢得了王健林赞赏。

王健林接手万达近 30 年来，公司骨干员工的流失率远远低于行业平均水平。靠待遇吸引人、靠关爱感染人、靠事业留住人、靠制度规范人、靠文化凝聚人，已经成为万达人才战略的主旋律。

王健林认为，商场上激烈的竞争，实质是抢夺人才的竞争。对于万达来说，人才就是最珍贵的"珍珠"。万达时时刻刻都准备着把最好的人才引进来，即把最好、最大的"珍珠"买进来。为了实现这一目的，万达建立了完善的、充分发挥人才能力的管理机制。

万达文化就像一条穿"珍珠"的线，时刻准备把一颗颗"珍珠"穿起来，穿成一条闪耀的"项链"。卓越的企业文化，就是要为人才准备良好的环境。企业的最高领导，要站在更高的角度考虑问题，因为他不仅是一个管理者，更是一个系统设计者。

王健林带领万达人之所以能够取得如今的辉煌业绩，主要在于他可以找到拥有很强执行能力的人，让合适的人做合适的事。王健林创业所走的第一步不是决定去哪里，而是决定要和哪些人一起去。即使在企业发展的过程中，他也不断选择合适的人进入他的人才团队，请不合适的人离开他的人才团队，然后将合适的人安排到合适的位置上。不管环境多么困难，王健林都遵从这样的原则：选对合适的人，然后再确定走向哪里。就像杰克·韦尔奇说的那样："我们能做的一切，就是把宝押在我们选择的人身上。所以，我的全部工作便是选择适当的人。"

王健林认为，要想招揽更多的优秀人才为己所用，万达必须具备六个方面的条件。

一是必须具有合格的领导者。领导者是企业的灵魂，他的思维正确与否决定着企业的兴衰成败，他的一言一行、一举一动都牵动着企业的每一个神经细胞。所谓经营企业就是经营人心，正所谓得民心者得天下，小胜靠智，大胜靠德，一个领导者所拥有的胸襟、气魄、智慧、远见及高尚的品格决定了这个企业的未来。优秀的领导者要有用人的诚意、知人的智慧及容人的度量。有什么样的领导者，就会有什么样的企业。

二是必须具有良好的发展潜力及远景。作为一家企业，如果战略方针不正确，方向不对头则必死无疑。即使是有潜力的行业，也要小心规避竞争。要想在商战中立于不败之地，就得另辟蹊径，企业管理者绝对不能亦步亦趋地模仿别人。正确的做法便是集百家之长，使企业形成具有自身特色的企业文化，兼有品质过硬的产品，然后才能去开创蓝海，以独特、新颖、与众不同的方式赢得市场。而只有具备人们看得到的远景及巨大的发展潜力，企业才具备吸引人才的魔力。人往高处走，向往美好的未来是人们的本能。

三是必须具有广阔的个人成长空间。企业需要的是能解决问题的人才，尤其对于中小型企业来说，很难找到一步到位的人才，不足之处就需要通过不断学习来弥补。作为企业，不但要提供人才可以学习和成长的空间，更要给人才一个职务和待遇提升的空间。

四是必须具有较同业更优厚的待遇。所谓留人先留心，一旦员工感到不舒服时，就会千方百计想办法跳槽。人的所有行为都遵循两个原则：第一，追求快乐；第二，躲避痛苦。因此，适时地提升员工薪水，是简单却非常有效的留人方法。

五是必须具有良好的工作环境。员工需要的不单单是物质，还需要精神及个人价值的体现；因此要想吸引人才就得重视人才，尊重人才和善于使用人才。愉悦的工作环境能够更好地激发员工的潜能，当取得成绩时，及时给予鼓励，让员工有成就感，从而充满斗志。同时，要在企业打造一支充满朝气、有战斗力的团队，而要想建立一支这样的团队，就需要注入一种精神。精神的养成离不开教育，综观古今中外，但凡强大的国家、民族、军队、企业都和出色的教育密不可分。因此，企业要想强大，就需要建立一个完善的培训系统，借以将企业精神贯彻落实到每一位员工身上，使人真正为我所用。

六是必须许诺一个美好的未来。真正能吸引人才的是，他们坚信跟随这样的企业能改变自己的命运，在这样的企业中只要通过自己的努力就能拥有美好的未来。

王健林认为，人才是关键，企业若拥有了优秀的人才，在激烈的市场竞争中会处于优势地位。因此，企业家在管理中必须做好人才的管理，要具备吸引人才、留住人才的能力，只有这样，企业才能长久地发展下去。

03 高薪挖人，是补充人才的良略

対于任何人来说，高薪都是极具吸引力的，所以，优厚的薪水、良好的福利对于优秀的人才有着巨大的诱惑力。对于企业来说，高薪是招募人才和挽留人才的最好手段。对于优秀的人才，提供行业领先的薪水和福利是值得的，因为企业的长远未来便依赖于这些优秀的人才。

——王健林

业界人士知道，王健林和他的万达一直有着高薪挖人的传统。2015 年 6 月 3 日，万达电商 CEO 董策确认正式从万达电商离职，离职后将去往澳洲照顾家人。而就在董策离职的前 4 天，万达电商 CEO 的招聘启事就已经流传开来，但谁也没想到董策这么快就离职了。万达的招聘资料显示，万达电商 CEO 作为万达电商公司的第一负责人，将全面负责公司的战略规划、业务创新、平台构建、品牌传播、市场营销及日常运营等各项工作。万达的招聘启事提出，电商公司 CEO 的应聘者，须有知名互联网公司 CEO、

COO 工作经验。同时，万达还要求应聘者能力偏向于整体运营方向，而非技术方向。

而备受业界人士所瞩目的是，万达在招聘启事的薪酬范围一栏中，竟然出人意料地写着"税前年薪 800 万"的字样。

谁也没想到，万达的一则招聘启事，竟然闹出了大动静。就在万达的招聘启事刚刚发出一周，美团网创始人兼 CEO 的王兴在新浪微博上说："在 linkedin 上收到不请自来的猎头消息。哇，听说万达给的薪水很高，想想还有一点儿小激动呢。可是，话好像不通顺吧。"在王兴贴出来的图片显示，这位猎头询问王兴说："想邀请您作为万达电商 CEO 的职位，不知道有没有兴趣接触一下？"

一位名为"来去之间"的网友随后回复："俺也收到，不过想想 PPT 水平太烂，就不自取其辱了。"其实，这位网友就是新浪资深副总裁王高飞。与此同时，前乐淘创始人、现必要创始人毕胜也在朋友圈里发消息说："猎头给我打电话，说万达非常需要我去做 CEO。800 万元的年薪啊，我就这么放弃了，唉！"

其实，800 万元的年薪，实际收入绝不仅仅是 800 万元。800 万元年薪的背后。对应的提成费也超过 100 万元，难怪猎头们都被万达的招聘启事给弄"疯"了。

在相当长的一段时间内，圈内众多的互联网高管，几乎都接到了猎头公司的电话，以至于大家纷纷调侃说："谁没有被万达电商挖过，职业生涯堪忧。"

早在 2012 年 11 月 11 日的购物狂欢节，阿里巴巴就宣称，支付宝总销售额为 191 亿元，其中天猫 132 亿元，淘宝 59 亿元。毫无疑问，这是一个令人眼红的数据，王健林为此动了心。当时，根据万达的规划，将把旗下的商业地产、酒店、电影院线、连锁百货、旅游度假五大主营业务整合打包，打造"线上商业综合体"。王健林声称，万达要做的电子商务，将实现线上、线下资源相结合，形成独特的模式。

王健林在公司内部会议上野心勃勃地宣称，万达要在 2015 年超越美国西蒙公司，成为全球不动产公司的老大，并且要在 10 年内成为真正的跨国公司。为了实现目标，万达除了做大原有的业务外，还一直在寻找新的利润增长点。万达的快速扩张，为其进军电子商务领域打下了很好的基础。

对于房地产企业来说，触网电商并不是什么新鲜事。继 SOHO 中国首试网上卖房后，富力、世茂、万通、新世界等品牌开发商均已挺进电子商务平台。国内电子商务研究专家鲁振旺认为，很多实体零售的业务被电子商务夺去，面对不好的商业环境，万达建立电子商务也是当务之急。万达进军电子商务，一是可以稳住市场份额，不致流失客户；二是可以为旗下商业地产服务。当时，传统企业都在讨论进入电商，很大一部分传统生产企业由于现在成本过高，也在寻找新的增长点。艾瑞咨询分析师苏会燕说："电子商务企业逐渐侵蚀实体企业的利润，实体企业涉足电子商务是大势所趋，万达旗下的影院、零售和旅游都是电子商务发展的重点区域，万达再不进入，利益可能会进一步被瓜分。"

值得注意的是，万达急于构建电子商务团队。据猎头公司在网站上曝出多条万达的招聘消息，万达所招募的高管，包括首席执行官、财务总监和首席品牌官等。更有业内人士透露，万达电子商务公司为电子商务 CEO 开出了巨额年薪，并宣称除了马云和刘强东，其余人都能挖得动。这充分体现了万达的财大气粗。

担任万达总裁助理、企业文化部总经理刘明胜，就是万达通过高薪挖人的方式挖来的。刘明胜曾担任过《京华时报》的副总编，在《京华时报》

干了 11 年之久，于 2012 年年初辞职加盟万达。刘明胜多次以万达新闻发言人的身份，出现在媒体的报道中。业界传闻，万达为刘明胜彼时开出的年薪为 400 万元。2014 年 4 月，《人物》周刊副总编林天宏离职加盟万达。2014 年 7 月，《南方周末》副总编辑伍小峰确认加入万达，负责万达企业内刊。同时，万达又挖走了《第一财经日报》副总编辑岳富涛，让他管理万达的新媒体。之后，万达"挖"媒体高层的消息更是不断传出。万达的 COO 刘思军曾是敦煌网 COO，万达的 CTO 安兴华曾是谷歌公司的资深工程师。万达产品副总裁陈列等高管也都是从一些有名的企业挖过来的。

王健林每次挖人，都会引起广泛的议论，来自业界的指责声一直不断。但是，王健林却不惧怕这些流言蜚语，似乎要将高薪挖人策略进行到底。

王健林说："对于任何人来说，高薪都是极具吸引力的，所以，优厚的薪水、良好的福利对于优秀的人才有着巨大的诱惑力。对于企业来说，高薪是招募人才和挽留人才的最好手段。对于优秀的人才，提供行业领先的薪水和福利是值得的，因为企业的长远未来依赖于这些优秀的人才。"

04　利用第三方渠道寻找人才

1998 年，万达就开始在全国招聘人才，以后学会了公开招聘。但即使是这样，也很难招到特别优秀的人才。特别是优秀的人才，都是在当地工作比较稳定的，也不愿意参加公开招聘。人才招募是建立人才团队的基础。万达除了从内部招募，从万达学院直接培养人才，还不断通过第三方渠道寻找适合企业的人才。

——王健林

在一次公司内部的会议上，王健林在谈到人才的问题时说："万达各个系统的一把手，首要的工作就是找人，有了人什么问题都好解决。"

随着万达的发展，单靠内部招募人才，往往不能满足万达的实际需要。尤其是当万达处于快速发展的时期，内部招募更是跟不上企业的步伐。而外部人才的类型多、数量大，正是招募人才的重要来源。

在王健林看来，外部招募的方式主要有七种。

一是通过打广告招募人才。王健林说，打广告是企业常用的招募人才的方法之一，万达也常常运用这种方法。2000年，在深圳"住交会"举办期间，万达在《深圳特区报》上，连续几天刊登了招聘启事。使用广告招募人才时，万达会特别注意两点：媒体选择、广告设计。可以选择的广告媒体有很多，如广播、电视、报纸、杂志、网络或宣传资料等。广告设计方面，要力求能够吸引人们的注意、激发兴趣、创造愿望、促使行动。

二是通过职业介绍机构招募。万达通过劳动就业服务中心和人才交流中心会，定期与找工作的人直接面谈。职业介绍机构一般都会比较主动地为万达搜集人才。通过职业介绍机构，万达可以有针对性地招募到企业需求的人才。万达人才团队的一些成员，许多是通过这种方式被招募进来的。

三是通过猎头公司找到人才。通过猎头公司找到合适的人才，是万达多年常用的方式。猎头公司是指那些以受托招聘为主要业务的公司，一般都会有自己的人才库，对人才库的管理和更新是他们日常的工作之一，而搜寻手段和渠道则是猎头服务专业性最直接的体现。猎头公司的人才管理专业化程度比较高，通过猎头公司寻找人才的成功率也比较高。

四是走进校园招聘人才。万达所举办的校园招聘，一般在每年的毕业生毕业前半年举行一到两次。万达会与想要找工作的学生直接见面，互相了解。走进校园招聘人才的方式万达虽然用得不多，但是王健林明确表示，为了找到合适的人才，会更多地尝试采用各种方法。

五是通过员工推荐找到合适的人才。员工推荐是指当公司出现职位空缺时，由员工向公司推荐合格的人员来申请。这是一种比较有效的招募方式。一方面，员工对被推荐者比较了解，也对招聘岗位的条件和状况比较熟悉，所以比较容易找到合适的人选；另一方面，员工会因为自己的成功推荐而体现其价值，所以，员工会尽量举荐比较优秀的人。万达的一些优秀的管理人才，就是通过员工推荐的方式进入万达的。

六是通过网络进行招募。互联网已向传统的招聘方式提出了挑战，在企业招聘方面已经占据了越来越重要的位置。特别是在对技术类核心员工的招聘中，互联网更是起到了很大的作用，一些IT巨头已经打出了只在网上招聘的策略。同样，互联网也已经成了万达招贤纳才的重要手段。

七是进行特色招募。特色招募就是企业组织一些具有特色的招募活动来吸引求职者，如电话热线招聘、接待日招聘等。通过电话招募，被招聘对象可以方便快捷地了解到企业及职位的信息；在接待日招聘，被招聘者通过对企业的访问、与相关部门和人员的面谈，可深层次地了解企业，便于企业与个人作出选择。这些方式虽然万达还没有使用，但是对于求才若渴的万达来说，说不准哪天就会举行特色招募。

王健林认为，对于企业家而言，采用一些非传统手段来招募人才并不新奇，没有任何一项工作比克服职员短缺的问题需要更多的创造性。美国《时代》杂志曾经报道过在亚特兰大体育场举办的一场盛大的招聘宴会。许多刚刚起步的公司为了吸引竞聘者，争先恐后地发放赛事门票和电影票。在过去，这种方式确实能够帮助公司招徕它们最需要的人选。而在当今，招聘者往往微笑而来，失落而归。

王健林觉得，企业在招募人才的过程中，必须打破条条框框。企业必须采用多样化的招聘方式，以保证找到适合公司运作的独一无二的员工。只有尽可能地多样化，并且扩大自己的招聘范围，才有可能选拔最出色的人选。要尽可能地大面积撒网，尽量吸引更多的潜在竞聘者。合格的竞聘者越多，结果就会越好。企业要想生存，就必须最大化地占有人才资源。

王健林强调，在招募人才的过程中，要注意关注那些不速之客。他说，很多人的第一份工作，都来自于对店铺橱窗的招聘广告。这些未经预约的随机应聘者，通常很快就会成为你不可或缺的职员。这是因为他们中大多数人都是你的老客户。他们了解你的机构，喜欢这里的气氛并且了解顾客需求，这会使他们上手较快。

王健林还说，在招募人才的过程中，还要注意制度面前人人平等。他认为，企业成立之初，企业主往往会起用亲属来参与创业。亲属可以成为很有帮助的职员，至少应该作为临时雇员，直到你全面地了解了这些职位的需求。这是因为，亲属对于你的成功，有一种天然的期望。在考虑招募亲属的时候，千万不要因为"他们需要工作"而招募亲属。一定要让所有员工相信，老板的儿子是通过自己的努力获得了应有的地位，老板对兄长也并没有任何特殊照顾。在雇用亲属的时候，要让他们知道作为你的员工，肩上会担负比其他员工更多的重量。

05　建立实用的人才培训渠道

谁是知者？这是问题的核心。我们研究来研究去，发现一线中那些优秀的干部才是知者。一线的那些优秀干部，一开始我们认为虽然干得好，但可能不太会讲课。我们一开始还在想帮助人家准备课件、备课什么的，但后来发现，根本不是那么回事。只要你工作干得好，你真有本事，你就一定能讲出来，爱用什么方法用什么方法，有本事的人都能讲出来，而且学生爱听，都能听懂，学完了回去就能用上。这样的培训才有用。

——王健林

2011年11月11日，万达在廊坊投资7亿元建设的万达学院一期宣布竣工。万达学院一期总建筑面积约8万平方米，配备一流的教学服务设施，包括教学楼、行政楼、体育馆、展览馆、公寓、餐厅、信息中心等，供万达高中层管理人员系统培训所用。后来，万达学院全部建成时，共占地200亩，总建筑面积12.8万平方米，可同时容纳3000名学员，每年都可以安排万达高中层管理人员进行系统培训。万达学院由教学楼、行政楼、室内体育馆、室外运动场、企业展览馆、宿舍、餐厅等组成，是中国最好的企业学院之一。

王健林说，万达建立自己的企业大学，主要基于两方面的考虑。

一是从外部大环境来说，进入 21 世纪以来，中国企业面临着众多的挑战和压力。其中，最重要的一点，就是企业如何在全球化背景下生存下去，走上持续发展之路。在整个市场经济环境中，企业要想追赶时代的步伐，企业内部就要进行适当的调整。企业大学为企业开辟了发展的新路径及企业人才发展的新方向。企业大学是企业变革的加速器和推进器，在企业转型和创新时期，企业大学起着关键的作用。

二是从内部来说，万达正处于高速发展的关键时期，其人才供给远远不足。虽然企业缺少人才，但寻找和招聘人才难以如愿。从外部找不到人才，就要从内部进行培养。

2012 年 6 月，在万达学院的开学典礼上，王健林亲自讲授开学第一课，主要围绕万达文化进行了系统的讲授。同时，他还对学院的首期学员提出了殷切的希望。他希望万达学院开拓创新，尽早为万达培养出一批优秀的学员。

第一批学员接受完培训之后，不仅对万达的企业文化有了深入的了解，而且对万达的经营理念有了深刻的体悟。这样的培训，对于参加培训的学员做好本职工作是大有益处的。在万达学院，流行着这么一句顺口溜：涨工资、长本事、涨幸福指数。可见，万达的各级员工，一旦进入万达学院接受培训，就会涨工资，就会长本事，更会涨幸福指数。

经过反复的思考和摸索，万达学院形成了一条很有特色的办学思维路径。万达学院的宗旨是，培训必须做到"有用"。要做到有用，就必须把"有用"落地，把"有用"落在岗位上。

　　王健林认为，办好万达学院的关键因素，就是要有优秀的老师，有真正的知者。王健林说："谁是知者？这是问题的核心。我们研究来研究去，发现一线中那些优秀的干部才是知者。一线的那些优秀干部，我们认为虽然干得好，但可能不太会讲课。我们甚至还在想帮助人家准备课件、备课什么的，但后来发现，根本不是那么回事。只要你工作干得好，你真有本事，你就一定能讲出来，爱用什么方法用什么方法，有本事的人都能讲出来，而且学生爱听，都能听懂，学完了回去就能用上。这样的培训才有用。"

　　在王健林的主导下，万达学院的培训非常富有特色。毫无疑问，万达学院所做的每一个细节，都是围绕着"有用"的思路来实施的。

　　一是特色培训分七步走。万达学院的第一步工作是改课件，学以致用；第二步是课堂无眠，上课不打瞌睡；第三步是推出"能量集市"，解决个人问题；第四步为组织做诊断，我们会把复盘、评审、审计、法务、客户投诉等各个部门发现的问题收集上来，作为一个个独立课题，界定原因，寻找方案，跟踪解决，让犯过的错不再犯，以此优化组织效率；第五步是开发岗位宝典，实现快速胜任；第六步是传播万达精神，从心智模式的深度对业绩负责；第七步是借助网络平台，做到随时随地有求必应。

　　二是找到知者。结合知者为师的思路，这并不是说万达学院有什么老师可以教你，一万个学生里面就有各种各样的知者，具有各种各样的知识，关键是能不能找到知者，让知者把所知分享出来。这就要求学院能够搭建一个平台，让大家能够畅所欲言，让学生能把问题问出来，让知者能把智慧经验给出来。学院要给大家平台，一个鼓励你说话的平台，但学院也不会鼓励你乱说话，因为你说出来的话都会被人听到，欠考虑的话对你也不好。所以学院要做很多结构流程的策划设计工作，鼓励学员们去说，敢说、能说、会说、实说，说了就有价值、就有贡献。

三是做好评估。评估环节也是我们的重中之重。学生对所有老师讲课要进行打分，老师对优秀的、有贡献的学员也会打分，学院会对老师的讲课风格提出改进建议，也会把学习情况反馈给各部门领导，各部门领导反过来也会给学院的教学效果进行反馈。

四是管理学员的妙招。万达学院的学生是一批思想强大，身体却并不太年轻的人，对于这个群体，你讲课只要概念漫天飞，那学生必然睡觉。其实解决这问题也很简单。教室的格局现在都是学员们分组，每个小组的学员围成一个小桌，各组之内要分享、互动，各组之间还要 PK，大家面对面地学习，这你怎么睡？传统教室那样大家排排坐，你看着前面同学的后背，自然就想睡。小格局一调整，学员的注意力就提升了。另外，每个学生的问题都不一样，你需要为他们找出问题，寻找解决方法。目前，很多企业的大学之所以办得不够好，就是因为他们对组织本身理解得不够、渗透得不够，对学生理解得不够，所以办出来总是隔靴搔痒，做不到有用。

五是万达将自己的企业精神传递给学员。万达学院做培训，有一个更宏观的目的，就是要系统地研究人才与企业的关系。王健林说，万达的短板是人才，万达学院是要解决人才问题。但万达学院不只是要解决人才的知识短板问题，而要解决的是人才与万达和谐相处的问题、社会人才与万达事业相和谐的问题。万达是一个英雄的组织，是有英雄情结的组织。世界上，每个人都是不同的，有些人是一遇到困难就有问题，有些人要是遇不到困难他就有问题了。所以万达学院的职责之一就是帮你认清你是谁，对于组织来说这是知人善任，对你个人来讲，就是帮你认清你是谁。这样做对业绩有用，你只有认清了自己，才能快乐，业绩才会上升，才会自主自发地创新。

六是有求必应，可以临时抱佛脚。万达学院的新学员，培训时间是五天。要想达到认清你自己这个目的，五天的时间是不够的，有些蜻蜓点水，有些肤浅。很多问题看似解决了，到了实际工作中又不会了，这是因为学员对学到的、感受到的知识还不够稳固，主要因为五天时间太短。搭建好网络学院，就不一样了，来学院的五天只是贡献智慧，离开后的三百六十天才开始学习。在网络平台上，万达学院是一个策划者，类似于一些经纪人，真正能够帮助到你的人，可能是那些遇到过同样问题的人。以前的学习是个人化学习，网络化是集体学习、社会化学习，是一种新型的学习方式。以前的学习方式是学习、积累、储存，现在网络化的这种模式，就是有求必应，可以临时抱佛脚。

06 带着"五要"，去寻找"五力"人才

选择什么样的人才，是整个用人过程中一个重要的环节。选才是连结识才、纳才和任才的中间桥梁。若要任才而没有选才，那就是"万事俱备，只欠东风"。若不能很好地选才，领导者用人时就有可能"临事"用人，最后用人不当，引起更大的麻烦。由此来说，选才在人才圈地运动中是十分重要的。

——王健林

关于选择人才的问题，王健林说："选择什么样的人才，是整个用人过程中的一个重要环节。选才是连结识才、纳才和任才的中间桥梁。若要任才而没有选才，那就是'万事俱备，只欠东风'。若不能很好地选才，领导者用人时就有可能'临事'用人，最后用人不当，引起更大的麻烦。由此来说，选才在人才圈地运动中是十分重要的。"

王健林认为，选择人才就如同一场游戏，若不懂得游戏规则，而空有一种美好的愿望和拼搏的精神，结果往往会事与愿违。可能有人会问，为

什么万达总是能够选择到合适的人才呢？王健林往往会这样回答他：因为万达是带着"五要"的心态选择人才的。

一是要有求才之心。王健林认为，真正的人才往往真人不露相，淹没在茫茫的人流之中。再者，凡是人才都有独特的个性。恃才自傲几乎是人才的通病，这些人一般不会轻易地附和，趋炎附势，有些人还有"此处不留爷，自有留爷处"的想法。真正的人才必遇其"英主"，方能一展才华，故而"人才"需要寻求。

二是要有爱才之心。企业领导者要真正从思想上重视人才，从感情上贴近人才。领导者有了爱才之心，就会自觉地把人才工作摆上重要位置，千方百计地去发现、培养人才。常言道："三军易得，一将难求。"正因为是这样，凡是人才，就应视为珍宝。王健林认为，古往今来，任何一个成功的领导者都十分珍爱人才和善于发现人才，都有一颗爱才之心。即使自己是天才和奇才，也不可能单枪匹马地孤军作战，只有获得大量人才的支持，才可能形成合力，获得成功。

三是要有识才之眼。企业领导者要善于发现人才，准确地识别人才。发现和识别人才，是一个"剖石为玉、淘沙为金"的过程。王健林认为，领导者要有发现人才、识别人才、辨别人才的眼光和智慧。识才是一个复杂的、有序的心理认可过程，其包括观察、分析、辨别、判断、选择等。识才是选择人才的关键。领导识才主要担负着两个方面的任务：一是将那些埋没在人群中的各类有用人才识别出来；二是把那些别有用心的庸才辨别出来。

四是要有举才之德。王健林认为，领导者不仅要爱才，而且要竭诚举才，包括让他们担任重要的职务，接受重任。所谓举才之德就是指领导者热心举荐人才的品质。这样的领导者对待人才就像老师对待学生那样，唯求"青出于蓝而胜于蓝"。

五是要有容才之量。企业领导者要以开阔的眼光和宽广的胸怀选才用才，善于包容、吸纳、凝聚各种各样的人才。要抛弃一切成见选人、超脱自我选人、摒弃个人恩怨选人。王健林认为，在实际工作中，有些心胸狭窄的领导者，即便周围人才济济，也很难得到发挥，因为凡是有点儿才气的人，往往敢直言甚至顶牛。于是，心胸狭窄的领导就觉得此人不好用、不可靠，甚至认为此人对领导大为不敬，轻则不重用，重则压制排斥。这样一来，自己的周围只能聚集着一帮庸才，企业的前途可想而知。所以，具有容才之量的领导者，才能吸引众多的优秀人才，并把他们组织起来，施展各自的才华。这样一来，企业的辉煌指日可待。

王健林在寻找人才的过程中，都是以"五要"的心态来认真对待。王健林对自己有着这样的要求，对人才的选择自然也非常严格。王健林说："万达选择的中高层管理人才，都必须具备'五力'标准，即专业能力、个人能力、推动能力、沟通能力、专业外的综合能力。"

一是必须具备专业能力。王健林认为，专业能力是指掌握一定的专业技术知识，并运用这些知识去解决领导实践中遇到的专业技术难题的一种能力。精通某门学问、能够提供企业急需的技能是获得工作机会的前提，拥有过硬技能，是进入万达人才团队的核心竞争力。

二是必须具备个人能力。王健林认为，个人能力内容比较宽泛，包括组织能力、领导能力、创新能力、学习能力、号召能力、适应能力等。在知识更替如此快速的时代，万达非常重视人才的学习能力，因为知识总是在更新，只有不断学习才能跟上时代的步伐。

三是必须具备推动能力。王健林说，推动能力是指能够接受挑战，不断超越自我。在工作中表现在能够改进工作方法，乐于接受有一定难度的工作，对富有挑战性的工作感兴趣，支持他人的创新行为，积极参与开拓创新活动。

四是必须具备沟通能力。王健林说，万达在招聘人才的过程中，十分注重应聘人员的沟通能力。在面试求职者时，往往会问他最开心的事情是什么，如果求职者回答最开心的事就是和朋友聚在一起，做好吃的与朋友一起分享，那么这个人就比较受欢迎。招聘人员认为作出这一回答的人，一定具备良好的团队精神和沟通能力。王健林总是愿意给演说或表达能力强的人较多的报酬，他认为，沟通能力是做好工作的基础，更是提高自己绩效的保证。

五是必须具备专业外的综合能力。王健林说，专业外的综合能力，是指观察能力、实践能力、思维能力、整合能力和交流能力等。

王健林骄傲地说："多年以来，万达正是因为带着这'五要'来寻找'五力'人才，才铸就了今日的辉煌。"

第九章

咬定目标不放松，要做就做第一

01　站在巨人的肩膀上，可以看得高走得快

万达决定做商业地产后，第一个想法就是"傍大款"。在这之前，万达也做过一些收租物业的项目，有七八个小型商场和酒楼，但经常出现欠租的情况，逼得我们成立了一个收租队。为了防止这种现象，我们提出，收租物业一定要找实力强的租户，要向世界500强收租，并且决定从沃尔玛开始。站在巨人的肩膀上，可以看得高走得快，所以说这个战略是成功的。

——王健林

小米 CEO 雷军说过这样一句话："只要站在风口，猪也能飞起来。"意思是说，只要顺势而为、借势而为，什么愿望都可以实现。而王健林恰恰是一个善于借势而为的人。

2002 年时，万达在探索向商业地产转型的过程中，王健林首先想到的是与世界 500 强公司开展合作，以尽快扩大企业的业务范围。当时，凭借万达的实力，想拉拢世界 500 强企业沃尔玛合作，不说比登天还难，但也

确实是一件非常不容易的事情。

回想最初与沃尔玛商谈合作事宜的情景，王健林在清华大学演讲时说："为了寻求与沃尔玛合作，我就主动约请沃尔玛主管发展的副总裁，约了很长时间才得以见面。他们听完我的想法就笑，这是一种轻视的感觉，可能在想这么小的公司怎么敢提出和沃尔玛合作。我就反复跟他讲，我们有好的条件。最终，他们同意先做一个项目试试。然后我又亲自去深圳，数次游说沃尔玛亚太区首席执行官。历时半年多，经过前后几十次的游说，沃尔玛终于答应与我们在长春万达广场合作第一个项目。我们想方设法把项目干好，沃尔玛觉得可行，于是继续跟我们合作。干到第五个万达广场的时候，沃尔玛同意跟我们签一个战略合作协议。我们拿着这个协议，开始游说更多的跨国企业跟我们合作，也包括国内的苏宁、国美等。这些品牌，在早期对万达广场的发展起了非常大的作用。站在巨人的肩膀上，可以看得高、走得快，所以这个战略是成功的。"

王健林说得没错，站在巨人的肩膀上，就是看得高、走得快。2004年，长春万达广场开业时，广大消费者都是奔着沃尔玛的招牌去的，这使得万达广场的销售业绩节节攀升。看到这样的销售业绩，最初将信将疑的沃尔玛很快就打消了疑虑。接下来，沃尔玛放下架子，又和万达合作了5个项目。结果是，这5个项目都火了起来。王健林说："从第三年开始，沃尔玛就没说的了，我们的合作虽然还要一店一报，但容易多了，沃尔玛基本上就跟着万达走了。"

最初，王健林在沃尔玛非常"牛气"的状况下，寻求与沃尔玛合作，对此很多人都不理解。而熟悉王健林性格的人，更是不理解。王健林是一个性情耿直的人，你敬我一尺，我敬你一丈，很少愿意低三下四地跟别人说话。而他在与沃尔玛合作时能够委曲求全，显然有着他独特的想法。

王健林认为，所有的中小店铺，最大的特点就是可以同甘，不可以共苦。这种店铺，在购物中心经营好的时候，商家会挖空心思地进来，甚至是行贿也要进来。但是，在市场培育期，或者进入购物中心后出现一点问题，这种店铺容易出现关门走人的现象，这会直接影响购物中心的整体营业氛围。相反，如果是大的主力店，进来后往往要进行较大的设施投资，不可能遇到一点困难就要撤出去，相对来说，这种主力店稳定性非常好。由此，万达广场在招商的过程中，通常都要拿出较多的面积，来安排大大小小的主力店进来，起到稳定场面、增强号召力的作用。而剩下的那一部分面积，才让给寻求进来的中小店铺。王健林认为，只有这样，才能使万达广场的购物中心做到一开业就兴旺起来，即使遇到困难，也不至于马上停业关门。这也是万达广场从多次失败中，总结出来的宝贵经验。

其实，王健林很早就发现，在美国的各大购物中心，有50%的主力店是百货、超市这两种业态。对于主力店，大多数的购物中心是免费将店铺送给其使用的，即便收取租金，也是非常低的。这些购物中心的目的，就是为了把主力店拉进来，以吸引更多的客流。

成功取得沃尔玛的信任后，万达又于2005年与国内的国美电器结成了同盟关系。当时的业界都知道，国美电器是中国最大的家电零售连锁企业，处于行业领先地位。万达考虑到国美电器在业界拥有的广泛声誉，其品牌知名度对带动消费者必将产生重要影响，而且国美电器又是新手，对地产商的要价不高，于是，万达果断选择了与国美电器结盟。此项决策，不仅让万达收获了一个知名品牌，更是增加了万达与其他主力店谈判的砝码。在王健林的眼里，这一决策，绝对是一箭双雕、一举两得。他说："只有站在巨人的肩膀上，才可以看得更高、走得更快。我认为，万达所实施的'傍大款''借东风'战略，是非常可行的。"

在王健林的带领下，万达已经成为中国商业地产的领军企业。万达站在别人的肩膀上迅速发展壮大后，又主动让业界同仁站在自己的肩膀上壮大实力。2014 年 12 月，已在全国旅行社行业掀起并购狂潮的万达旅业再次出手，以 51% 的股份，正式并购昆明风光国旅。重组后，昆明风光国旅成为万达旅业旗下的第 11 家旅行社，也是其在西南地区的首家旅行社，更成为万达打造"万达文化旅游产业链"上的重要一环。这次并购，对双方得意义都很重大。一方面，万达庞大的文化旅游项目需要大量的客源支撑；另一方面，昆明风光国旅的发展需要更强大的资金、资源支持。于是，双方的这次牵手，被表述为"借助万达强大的资源优势和资本优势，把重组后的昆明风光国旅打造成本地的标杆和领军企业"。

与万达旅业牵手，带给昆明风光国旅最大的变化，就是视角和理念的改变。万达作为世界级的企业，是站在很高的角度纵览世界经济发展的，这正是昆明风光国旅作为云南本土旅行社企业所缺乏的。重组后，昆明风光国旅得以借助万达旅业的高度，站在巨人的肩膀、通过巨人的视角，去看待整个旅游经济的发展，发展前景更加广阔了。昆明风光国旅董事长陈帆笑说："我们想飞得更高，就要站在巨人的肩膀上再起飞。"

02　做第一，就不能按照正常走

如果按照正常走，那么万达就永远也做不到第一。正常走就是按部就班、中规中矩地发展，这其实也是很多企业追求的一种发展方式。这样的正常走初看似乎十分平稳，可事实上市场历来都是不平稳的，正常走下去的结果只能是一点点被市场抛弃。不按正常走并不是去走什么歪门邪道、搞不正之风或是不正当竞争，而是说一个企业在发展的过程中，一定要采取一种突破常规的模式，这才是企业发展的最佳途径。

——王健林

2016 年 9 月 24 日，合肥万达文华酒店、合肥万达嘉华酒店、合肥万达铂尔曼酒店、合肥万达诺福特酒店和合肥万达美居酒店共 5 家酒店在合肥万达文化旅游城联袂开业。至此，万达共拥有已开业酒店 102 家。在已经开业的酒店中，具有万达自主管理品牌的国际酒店有 58 家。这次万达在安徽合肥集中开业的 5 家国际酒店，与室外主题乐园、室内恒温水世界、互动电影乐园、国际电影城及湖岸国际酒吧街等众多休闲娱乐设施，组成了一座大型"徽文化"旅游度假综合体，共同为宾客带来前所未有的休闲体验。

在向世界进军的过程中，万达酒店虽然取得了非常好的经济效益，进一步树立了万达的品牌形象，可万达酒店所受的关注程度，远没有万达收购美国院线 AMC 所受的关注大。其实，打造万达酒店，是王健林首次与海外企业进行亲密接触，是他将万达的触角伸向全球市场的第一步。但是，当万达以 26 亿美元的价格收购美国院线 AMC 后，即刻引起全世界媒体的极大关注。由此可见，人们对文化层面的注重程度，远远高于对经济层面的关注程度。

其实，从 2005 年开始，万达就以建设万达影院为开端，开始大规模投资文化产业了。投资范围涉及电影制作放映、大型舞台演艺、电影科技娱乐、连锁文化娱乐、报刊传媒和字画收藏等多个行业。后来，王健林曾在万达的内刊上撰文，总结了做好文化产业的经验。

王健林所总结的经验主要包括三个方面：一是产业模式的创新。王健林认为，国内的文化产业，基本都是搭一个台子演话剧、演小品，这种一般化的传统文化发展收入低、利润低，不能保证大的投资得到效益。万达文化产业则要把商业地产、旅游度假等产业结合发展，不同行业之间相互依托、互为支持，产生综合效应，这样的好处是巨大的商业人流为发展体育、文化、娱乐、休闲产业提供支持。二是实现文化产业规模经营。万达委托德国传媒巨头贝塔斯曼集团对全球文化产业的 50 个公司进行调查，调查结果显示，中国绝大多数文化产业公司的收入只有几千万，甚至几百万，上了几十亿的极少，整体呈现出小、散、乱的态势，整个产业全国仅有一万亿元的收入。对此，万达提出的解决方式，就是规模经营，即统一品牌、统一招商、统一运营、统一信息化管理。这种模式无论在万达院线还是大歌星 KTV 经营上，都有明显体现。三是收益转型。万达提出每年将追加几十亿扩大文化产业，实现收益转型，并明确到 2020 年，万达商业地产的收入比重将降到 50% 以下，彻底实现转型。

由于万达在文化产业中的大踏步前行，很多人开始对王健林及万达的经营策略进行系统研究，以便弄清王健林及万达为什么能够在短时间内取得迅速的发展。

自万达进军文化产业以来，王健林带领万达人，打造出了一艘令世人震惊的文化航母。万达不但成为了国内电影院线的行业老大，同时也成为了在亚洲无人能敌的霸主。尤其是万达以 26 亿美元收购了美国院线 AMC 之后，其规模和实力更上一层楼，成为世界上这一行业的顶尖企业。在被万达收购之前，美国院线 AMC 已连续 3 年处于亏损状态，而被万达收购后的第二年，美国院线 AMC 就实现了盈利。万达创造的这一业绩，让西方业界许多人士为之震惊。

在山东青岛举办的万达东方影都的启动仪式上，王健林表示，东方影都无论从资金的投入上，还是规模上，在国内外都是史无前例的。东方影都项目占地面积 376 万平方米，总建筑面积达到了 540 万平方米。其中，东方影都项目除了影视产业园外，还有电影博物馆、影视会展中心、影视名人蜡像馆及万达文化旅游城、度假酒店群、游艇俱乐部、汽车极限秀、滨海酒吧街、国际医院等相关项目。

建设东方影都项目，王健林的目的就是打造一个世界上最大的影视基地和度假城。在成功收购美国院线 AMC 之后，王健林在世界影视圈内拥有了相当大的“话语权”。尤其是王健林用短短一年时间，就让一个连续三年亏损的国际化大公司扭转局面，实现盈利，这令世界上众多影视公司都为之震惊，并纷纷表示愿意与万达谋求合作。

在王健林的心目中，一直有着非常高远的目标，而他对自己的目标也有着独到的见解，他说："如果按照正常走，那么万达就永远也做不到第一。正常走就是按部就班、中规中矩地发展，这其实也是很多企业追求的一种发展方式。这样的正常走初看似乎十分平稳，可事实上市场历来都是不平稳的，正常走下去的结果只能是一点点被市场抛弃。不按正常走并不是去走什么歪门邪道、搞不正之风或是不正当竞争，而是说一个企业在发展的过程中，一定要采取一种突破常规的模式，这才是企业发展的最佳途径。"

王健林认为，很多世界知名企业之所以能够快速占领全球市场，是因为它们都采用了连锁机制，比如人们熟悉的肯德基、麦当劳等快餐巨头，几乎以风扫落叶之势，在短短数年间便占据了中国市场。统一的管理、统一的标准的确给连锁经营带来了好处，不仅降低了成本，而且还在不断地经营中树立了自身的品牌。王健林就是采用这种发展模式，使万达经营的影视院线脱颖而出，独立鳌头。

其实，很多人在做事的时候都喜欢模仿别人，喜欢模仿成功者的成功方式，但这样的模仿是很难取得成功的。要想取得成功，就应当发挥自己的特长，进而不断地去创新。万达的连锁经营模式能够取得巨大的成功，关键就在于王健林并不是简单的模仿，而是在不断地思考中寻找更好的发展方式。

王健林之所以能够做什么成什么，主要是因为他做什么都要争取做到第一，而且不仅要做到国内第一，还要做到亚洲第一，甚至做到世界第一。他说："一个企业如果不想做到世界第一，那么很快就会被市场淘汰。因为你不想做第一，还有很多企业想做第一，在这些企业的努力下，你只能被市场淘汰。而企业如果不走出自己局限的小圈子，就会如井底之蛙一样目光短浅。因此，可以说敢做世界第一是取得成功的先决条件。有了这种目标之后，就要为实现这一目标而寻找适合自身发展的方法。"

而王健林收购美国院线 AMC，目的只有一个，那就是让万达影院真正走出去，成为世界第一。同时，青岛国际电影节的设立，进一步提高了万达的声誉。有了这些，万达才拥有了阔步走向世界的资本。

03　不做国门口的汉子

万达已经把国际化作为一个重要部分，宁可牺牲一点国内的利润空间，也要与国际接轨。当万达做到超过 500 亿或 1000 亿美元收入规模的时候，我希望它不仅仅是一个国内公司，而应该是一个世界性的品牌公司。万达提出 10 年战略规划，主要目标是跨国发展。我们提出不做"国门口的汉子"的口号，力争 10 年内成为世界一流跨国企业。

——王健林

自从并购美国院线 AMC 后，万达便开始在海外频频出手。王健林说："万达已经把国际化作为一个重要部分，宁可牺牲一点国内的利润空间，也要与国际接轨。当万达做到超过 500 亿或 1000 亿美元收入规模的时候，我希望它不仅仅是一个国内公司，而应该是一个世界性的品牌公司。万达提出 10 年战略规划，主要目标是跨国发展。我们提出不做'国门口的汉子'的口号，力争 10 年内成为世界一流跨国企业。"

217

万达并购 AMC 后，同时拥有了全球排名第二的 AMC 和亚洲排名第一的万达院线，一跃成为全球规模最大的电影院线运营商。万达大举进军美国院线，就是希望中国电影借助 AMC 这一渠道打开美国市场。王健林说："中国影片一定会走向世界，这是不可逆转的大趋势，进入美国市场是早晚的事，但中国影片很快并大量地进入美国市场不现实，需要一个过程。但万达并购 AMC 后，AMC 进不进中国影片、进什么样的中国影片、进多少中国影片，由 AMC 管理层根据美国行业规则、市场需求自行决定，万达不做干涉。"

万达成为全球最大的电影院线运营商后，王健林并没有就此罢休。他说，万达将根据企业战略和市场机会，进一步开展跨国业务，积极寻求对欧美等国其他大型院线的并购，到 2020 年，万达要占据全球电影市场约 20% 的市场份额。

对跨国发展这步棋，万达的长期战略目标是：巩固亚洲商业地产排名第一的领先优势，力争成为全球商业地产行业的领军企业，最终成为全球持有物业面积最大的商业地产企业，从而实现"国际万达，百年企业"的愿景。而国际万达的定位则是指企业经营规模达到国际级、企业管理达到国际级、企业文化达到国际级。

王健林说："做首富不是我的目标，我的目标是把公司做成跨国企业。"他坦言自己的目标是将万达总资产做到 1 万亿元左右，海外收入占比达到 20%，到那时，他才可能退休。

2016 年 2 月，王健林受英国牛津大学邀请登上公开课讲台，主讲的课题就是"万达国际化"，王健林因此成为首位在牛津大学主讲公开课的中国著名企业家。

王健林说，万达实施国际化战略，主要有三个方面的原因。

一是为了做大企业规模。有些产业要做大规模，必须国际投资，特别是在娱乐、体育这些行业，国外市场比中国发达，这是万达国际化的重要原因。

二是为了成为国际企业。1988年，我接手万达时，提出企业文化核心是"老实做人，精明做事"。那时，中国刚改革开放，做生意骗子很多。我们就讲诚信，提倡"老实做人"；同时还要"精明做事"，别人骗我一次是他的错，但骗我两次就是我的错。发展几年，企业有了一定财富积累，企业文化核心又改成"共创财富，公益社会"，提倡大家共同创造财富，同时对社会做贡献。2004年，万达对企业文化做了一次全面提升，梳理总结万达的企业目标、发展宗旨、经营原则等，提出"国际万达，百年企业"的口号。当时，知道"百年企业"是做长久的企业，但"国际万达"究竟是什么还不太清楚。所以，这个口号提出后，国际化并没有马上实施。直到2012年，万达才真正开始国际化，但这说明万达很早就有国际化志向。说起万达的国际化还有一个故事，好像是天意。万达最早的名字叫西岗开发公司，主要做房地产开发，1992年企业搞股份制改造，觉得这个名字太土，决定改一个名。当时搞了一次企业名字有奖征集，花2000元钱在报纸上打了征名广告，大概200人投稿，从中选出10位，一个个介绍他们起的名字和标识，大概是第三、第四位入选者提出的方案被我们采用。这就是现在的万达标识，深蓝色，由万达的拼音字母WANDA变形为海浪和航船。为什么用蓝色呢？因为万达是海边诞生的企业。为什么外面要画一个圆圈呢？设计者说是走向世界。我们觉得这个寓意好，就采用了。万达刚开始就有志于成为国际企业，没有这种志向和目标，是不可能走到今天这一步的。

三是为了规避经营风险。有句俗话讲，不要把鸡蛋放在一个篮子里，企业跨国发展意味着减小企业经营风险。一个国家发展得再好，经济也有调整时期，但全世界经济同时出现大调整、大萧条，这种概率是极低的。而且中国政府也鼓励中国企业全球配置资源，利用全球市场。所以从规避企业经营风险角度，万达也应该走全球化道路。

王健林说，万达所实施的国际化战略，主要坚持三个原则。

第一，坚持以并购为主。万达海外投资以并购为主、投资为辅。为什么这么做呢？这是因为从英国工业革命到现在，世界市场特别是一些主要市场领域，基本上都被先进入的企业瓜分了。如金融行业，不通过并购，自己进去重新闯荡，虽不能说绝对没有机会，但也基本没有机会。现在万达搞体育产业，各种国际品牌体育赛事所有权、转播权，基本都被老牌家族公司或跨国公司瓜分，我们要进去只能靠买。有人在中国媒体上说万达"就知道买买买"，我就问他，如果我不买你告诉我怎么办。

第二，坚持相互关联。有些人讲中国企业是不买对的、只买贵的。但万达国际化重点在于买得对。什么叫买得对，我们有两条标准：一是与万达现有产业有关联。万达国际化进入的产业都是万达已经在干的，不管是不动产，还是文化、体育、旅游，都是万达现在正在从事的产业。这样做的好处是我们有一定的知识积累和人才储备，了解行业是怎么回事。二是万达不管跨国并购还是投资项目，都要求这些业务能移植到中国，能在中国获得更快发展。

第三，坚持使用本土人才。万达国际化强调使用本土人才。万达并购AMC后，只派了一个联络员。我们发现，并购企业最好的管理办法是留住原来的管理层，使之更好地工作。万达并购美国AMC已被哈佛大学商学院作为教学案例，做这个案例的教授到我们公司调研，说了两句话非常经典。他说，首先一切都没变。还是AMC这家公司，名字没变，管理层没变，经营地点也没变；其次一切都变了，公司发生了深刻改变。不愧是搞研究的教授，总结得不错。万达并购 AMC 时，全球金融危机影响还在，工作岗位不像现在这么稳定，我们就跟管理层签订 5 年工作合同，而且规定，对于超出经营目标的利润，管理层和万达一九分成，一下就把他们的积极性调动起来，使公司第一年就发生变化，第二年就实现上市。从中我也悟出一个道理，到世界上任何一个国家去并购和投资，都要尽可能留住原来的管理团队，使用本土人才，想办法调动他们的积极性，不要想着走哪儿都派中国人过去。

04　做企业要为民族争光

　　谁也没万达这样的实力，一年有十几个五星级酒店开业，如果万达都不敢做，中国什么时候才会有自己的奢华酒店管理品牌？所以，万达有责任把这件事做成。刚开始可能会遇到一些问题，但是我坚信，只要我们持之以恒做下去，10 年左右，万达酒店管理一定会做成有世界影响力的中国奢华酒店品牌，为中国人争气。为做好海外投资，万达会有震动世界的跨国并购。除了并购，还要进行直接投资。万达要用实践证明，中国的民营企业，一样可以成为世界知名的跨国企业，成为国际竞争的主角。

——王健林

　　做企业要为民族争光，是王健林坚持不变的理想和目标。他首先做到中国第一，然后要做成亚洲第一、世界第一。

　　2013 年 8 月，彭博亿万富豪榜发布，王健林以 142 亿美元的净资产首次登顶中国大陆最富有的人。2013 年 9 月，胡润百富榜发布，王健林以

1350 亿元财富，首次成为中国首富，成为胡润百富榜开创 15 年来诞生的第十位新首富。

王健林赢得这一殊荣时，万达旗下的商业地产开发、旅游、豪华酒店、娱乐、百货连锁商店的业务已经遍布全中国，并涉足海外，万达不仅是中国最大的商业地产开发商，还是中国最大的影院运营商。

王健林计划在 10 年内，使万达成为世界一流的跨国企业，为中国的民营企业争光。2012 年，王健林投资 26 亿美元，并购了美国院线 AMC，成为中国企业海外并购大型文化企业的成功案例，也是中国文化产业最大的海外并购。2013 年 6 月，王健林在北京举行投资英国发布会，正式向外界宣布，投资 3.2 亿英镑（约合 4.9 亿美元），并购英国圣汐游艇公司；投资近 7 亿英镑（约合 10.8 亿美元），在伦敦核心区建设超五星级万达酒店。这是并购美国院线 AMC 后，王健林向跨国发展迈出的又一步。

王健林知道，在奢侈品行业中，最大的奢侈品是奢华酒店管理品牌。奢华酒店不仅投资大，而且品牌可以延续上百年。一直以来，中国的奢华酒店管理没人敢做，就是现有的五星级酒店，也基本都是请外国的管理公司来管理。

面对这样的现实状况，王健林自告奋勇，决心把奢华酒店管理这件事做成。王健林选择做奢华酒店管理，主要目的就是"为民族争光，不让后人骂"。

其实，早在 2011 年，万达就成立了酒店管理公司。2012 年，万达新竣工开业的五星和超五星级酒店有 12 家，新增的客房有 3678 间，酒店管理公司收入已达 28.04 亿元。王健林认为，万达虽然已经有这么多酒店开业，却一直在使用别人的品牌，万达应该在奢华酒店管理上有所作为，为民族争光。为此，王健林说："谁也没万达这样的实力，一年有十几个五星级酒店开业，如果万达都不敢做，中国什么时候才会有自己的奢华酒店管理品牌？所以，万达有责任把这件事做成。刚开始可能会遇到一些问题，但是我坚信，只要我们持之以恒做下去，10年左右，万达酒店管理一定会做成有世界影响力的中国奢华酒店品牌，为中国人争气。为做好海外投资，万达会有震动世界的跨国并购。除了并购，还要进行直接投资。万达要用实践证明，中国的民营企业，一样可以成为世界知名的跨国企业，成为国际竞争的主角。"

王健林知道，做奢华酒店管理，刚开始可能会遇到一些难以预料的问题。但是，他坚信，只要万达坚定目标，立志做有世界影响力的中国奢华酒店品牌，为中国人争气，并持之以恒做下去，10年左右，万达奢华酒店管理，一定会做成品牌。

为尽快打造万达所独有的奢华酒店管理品牌，王健林投入巨资在英国实施海外并购。被万达并购的圣汐游艇公司是世界顶级奢华游艇品牌，为英国皇室专用品牌；而拟建中的伦敦万达酒店项目则位于旺兹沃斯区黄金地段，建成后将成为伦敦最好的酒店和城市新地标。王健林说："世界奢华酒店市场一直被外国品牌占据，海外从来见不到中国五星级酒店。万达决定做先行者，改变这种局面。"他认为，万达旅游酒店产业的国际化，一开始就结缘高端要素，奉行联手国际品牌和打造自主品牌并举的理念，具有开创意义，为中国旅游酒店品牌国际化之路点燃了新希望。

新东方CEO俞敏洪在北大演讲时曾经说：有人说人活着有3条命：一个是性命，一个是生命，一个是使命。我们不光为了自己的性命而活着，不是苟全性命于乱世，何况现在也不是乱世。如果真的有人为了钱不要性命，为了名不要性命，为了利不要性命，那就是民族的耻辱了。既然身为中国人，就应该拥有自己的使命，也就是说我们在寻求发展的同时，不仅要保证我们自身的尊严，更需要努力保证国家和民族的尊严，为国家真正做点贡献。

王健林认为，对于企业家来说，为民族争光是最重要的使命之一。企业家只有具备为国争光的民族责任感，所经营的企业才会具有强大的生命力，才能在激烈的竞争中成为基业长青的企业。一个没有民族责任感的企业只能靠短暂的机遇暂时获利，一旦机遇丧失，企业将停滞不前甚至破产。很多民营企业昙花一现，就在于企业家缺乏民族责任感。

2016年2月，王健林在英国牛津大学演讲时说，万达必须加快国际化进程，为民族争光。他说，万达已经成为中国企业、特别是民营企业国际化的代表，从2012年到现在，万达在全球十多个国家投资，投资额超过150亿美元。其中，在美国一个国家就投了100亿美元，所以，我在美国是很受欢迎的。万达2012年并购AMC时，我承诺10年之内至少在美国投资100亿美元，第二天一家美国媒体刊登了一篇文章，标题是："王先生，希望你遵守承诺。"我的话说完3年，2015年，万达就已经在美国投了100亿美元。我让我的助手去跟他们说，希望再登一篇文章："王先生提前兑现承诺。"万达在英国已经投资12亿英镑，并拥有2600多名员工。

在谈到万达的国际化目标时，王健林对牛津大学师生讲了两点。

一是要实现海外收入的大幅增长。万达在2015年提出未来5年新的战略目标，即到2020年实现"2211"目标，就是到2020年，企业资产超过2000亿美元，企业市值超过2000亿美元，收入超过1000亿美元，净利润超过100亿美元，其中30%以上收入来自海外。衡量一家企业是不是跨国企业，一项核心指标是海外收入有没有超过30%。有国际业务的企业，一种是在本国生产产品，然后卖到世界各地，这只能算产品国际化；一种是在一两个国家有投资，但是占全部业务比重小，管理方式、人才结构及企业文化都没达到跨国企业水平。所以，真正的跨国企业不仅要求企业规模足够大，至少数百亿美元，而且企业收入至少30%来自海外。今年万达海外收入将达到100亿美元左右，距离2020年目标还有不小差距，还需要持续努力才能实现。

二是要成为一流的跨国企业。万达不仅要成为一流企业，而且加了一个限制词，要成为一流的跨国企业。万达如果实现"2211"目标，企业资产、收入、净利润排名，一定能排在世界前几十名。这个目标不仅激励我们公司，也激励我个人持续努力。有人形容我是中国最成功的企业家，很多人问我为什么成功，我讲了很多原因，其实最核心的一点是勤奋，所谓天道酬勤，如果不勤奋，所有的目标都不可能变为现实。正因为万达有远大的企业愿景，所以现在还保持着快速增长，2015年实现收入、资产、利润同比2014年增长20%。大家觉得增长速度很快，但对万达来讲，这是多年来增速第一次掉到30%以下。在此之前，我们每一年都保持30%以上的增长，随着全球经济的重大调整，中国经济的持续放缓，我们的发展速度也降了一点，但依然保持较快速度增长，这也是万达最终成为一流跨国企业的保证。

05 打造一个做"百年企业"的梦想

万达发展到现在，2000多亿元的资产，1000多亿元的收入，而且每年还在以30%、40%的速度增长，商业模式又先进，还在不断创新储备更强大的产品，所有机遇都给到门口。虽然我可以休息了，可以到海边度假，但是，为什么不再干个10年，创立一个世界伟大的组织，成为世界前100名的企业，为中国企业、为民营企业增光？所有的机遇都到了门口，却放弃，我觉得可惜。所以，我现在还这么拼命奋斗。我要把万达带到一个高度上，成为世界级的优秀组织。大概还有10年的时间，那时我会彻底退出。

——王健林

2013年7月，王健林首次做客上海卫视第一财经电视台《波士堂》栏目时，主持人问他："有没有觉得差不多了、不想再做的时候？"王健林回答说："没有！我觉得，我是一个幸运者。万达发展到现在，2000多亿元的资产，1000多亿元的收入，而且每年还在以30%、40%的速度增长，商业模式又先进，还在不断创新储备更强大的产品，所有机遇都给到门口。虽然我可以休息了，可以到海边度假，但是，为什么不再干个 10 年，创立一个世界伟大的组织，成为世界前 100 名的企业，为中国企业、为民营企业增光？所有的机遇都到了门口，却放弃，我觉得可惜。所以，我现在还这么拼命奋斗。我要把万达带到一个高度上，成为世界级的优秀组织。大概还有 10 年的时间，那时我会彻底退出。"

《波士堂》栏目的主持人问王健林这个问题，是有着一定的背景的，也是非常有针对性的。2011 年，中国地产江湖的"大佬"王石、冯仑、任志强等，几乎在同一时间，用"游学""退休""卸任"等行动，发出了一种离开的暗示。而马云、史玉柱等"大佬"也纷纷"让位"。同时，新希望集团董事长刘永好辞去职务后，由女儿刘畅接班。于是，许多业界人士开始猜疑王健林是不是也有隐退的打算。但得到的答案是，王健林没有隐退的打算。当国内很多企业的"大佬"选择隐退或者是"垂帘听政"的时候，王健林依然野心勃勃地说："为什么不再干个 10 年，创立一个世界伟大的组织，成为世界前 100 名的企业，为中国的企业、为民营企业增光？"

王健林认为，强烈的责任心和使命感一旦贯彻到行动中，就会成为严格的自律和超强的自控力。了解王健林的人都知道，与他共事，需要有一定的抗压能力。万达的一位员工说："他到达问题核心的距离很短，反应非常快，没有人敢在他面前心存侥幸。虽然已经进入花甲之年，但他的记忆力惊人，对数据几乎过目不忘，如果他细心查看，就能发现所有的漏洞。"

在公共场合，王健林的身后经常跟着好几个助理。在会场上，他的目光总是牵动着台下助理的神经。但是，他在出差的路上，会态度坚决地与员工们一起拎东西。他经常用手挡住要关闭的电梯门，与员工一起上下楼。有一次，在奥克兰迪斯尼乐园，他甚至记住了一个十分认真的华裔导游。

为了表彰这个年轻人，他细心地询问助理有没有给那个年轻人发表扬信。

也许，万达的一些员工不会忘记，王健林曾表示，一旦公司做到1000亿元的规模，他就退休。但让人没想到的是，王健林提出的这个目标实现得太快，以至于让他没有满足感。于是，王健林只好推迟了退休的时间，他说："我要把万达带到一个高度上，成为世界级的优秀组织。大概还有10年的时间，那时我会彻底退出。"

王健林永不满足的精神，充分体现了他强烈的责任心，也启示业界人士在任何时候，都要保持旺盛战斗力，坚持不懈，永远不轻言放弃。王健林认为，执着和强烈的信念，以及不达目的誓不罢休的决心和力量，是创业成功的必要条件。

王健林认为，激烈的市场竞争，对每一个企业来说，都是机遇和挑战并存。竞争的形势瞬息万变，稍有迟疑者，就会被后面的竞争对手赶上甚至超过，如果拿不出百米冲刺的劲头，就会成为竞争的失败者。商场上的竞争就如同战场上的战斗，过程虽然非常残酷，但结果都是优胜劣汰，非常公平。如果在竞争中不抢抓机遇，不竭尽全力，就势必成为失败者，甚至被淘汰出局。在商场的竞争中，无论任何时候，都要付出百分百的努力，咬紧牙关，不遗余力，以必胜的信心超越强者，才能获得最终的胜利。尤其值得铭记的是，竭尽全力、锲而不舍是成功的心脏，坚持战斗到最后一秒钟的人，不是因为还有体力，而是精神不肯倒下。

在中国的房地产业，王健林无疑是一个独占鳌头的强者。但是，当房地产业如火如荼处于兴盛时期时，王健林却静悄悄的转向了商业地产及文化产业。他似乎总在引领一个朝代，却从不曾站在朝代的风口浪尖之上。

《圣经·新约》马太福音的第七章说：你们要进窄门。因为引到灭亡，那门是宽的，路是大的，进去的人也多；引到永生，那门是窄的，路是小

229

的，找着的人也少。王健林在创业历程中，几次都是在顺风顺水的时候，选择了进窄门，从而实现了转型。2000 年，当房地产宏观形势一片大好、住宅地产做得如火如荼之时，王健林孤注一掷，转型做商业地产；2005 年，当商业地产做得如日中天、赚得盆满钵满之时，王健林别出心裁，转型布局文化产业；2008 年，王健林再一次"不务正业"，开始转型做旅游投资。万达的每一次转型，王健林所选择的，都是进窄门。每一次，他的决策都显得独特而难以理解。

已进花甲之年的王健林，虽然在商界拼搏奋斗了近 30 年，但他仍在带领万达人不断地做"加法"，不断地做大做强万达的品牌。他选择做院线、投资文化产业、旅游业，甚至投拍电影、进军金融业，虽然经常面临着各种质疑，但他坚信自己的选择。他说："想获得超额利润，想赢得比别人更快的发展步伐，一定要敢于去做别人不敢做的事情。所有人都认为能赚大钱的行业一定不能进，只有少数人认为能做、多数人认为不能做的事情才能获得超额利润，真理掌握在少数人手里。"

王健林一直坚信："创新者大部分成为先烈，少部分成为先进。"为了更好地激励后来人不断攀登、不断创新，他希望成为那个极少数的成功者。于是，王健林一直扮演着追求创新的"少数派"。王健林不服输、不认命，在创业的道路上一直在"非正统"的状态中探索着，他也一直处在叛逆状态、革新状态和创造状态。虽然王健林善于选择进窄门，但绝对不等于他逆潮流而动，而是看准时机，顺势而为。他说："做企业一定要顺应国家建设方向，借国家发展之势才能事半功倍。"

虽然已进花甲之年，王健林却一直没有停止"造梦"，梦想依旧在路上。他之所以没有选择退休，是因为他的一些梦想还没有实现。他最大的梦想，就是将万达打造成世界一流的跨国企业，做全世界最好的文化集团。业界人士都知道，"国际万达，百年企业"是万达最响亮的口号，更是王健林的目标追求。王健林常说，到 2020 年，万达将不再是房地产企业。这句话，无疑传递出了万达商业王国谋求转型的决心。王健林实心实意地想把文化旅游做上去，他认准了的事情，就会坚持做到底，他甚至说："我不做了，还要交给下一代人去发展。"

王健林总是强调要保持万达速度，强调万达的发展一定要快、必须要快。在外界看来，万达的步子已经迈得够快了，但王健林却觉得还不够快。他说："如果按正常走的话，我们也许做不到世界第一。美国的那些公司都发展了 100 年，才在这个行业中排在前面，要走 100 年的话，我就看不到了，所以我们要更快。"

王健林相信，心有多大，舞台就有多大。将心敞开，将格局展开，万达在王健林引领下，"国际万达，百年企业"的梦想一定会变成现实。

06　扛得住诱惑，扎扎实实做实业

诱惑肯定是有的，天天存在，对任何人都存在。如果一个人不能抵御诱惑，就不能成功，或者说他就不行。比方说，自己身体对自己就有诱惑，天天睡懒觉少干活最舒服了，你要扛不住这个诱惑还能成事吗？成不了事。大家要出去创业或者去学习读书也很累，也有很多很多种诱惑。其实人的一生善恶存于一体，勤奋懒惰也存于一体，人是一个复杂体，在内心两种东西博弈的时候，如果你自己受的健康教育多一点，或者你周围有好的同事哥们多一点，你就会往好的地方走，否则，你就会被带到沟里去了。

——王健林

王健林自 1988 年辞官创业以来，一直在踏踏实实地做事业。他先是冲出辽宁走向全国，然后就是冲出中国走向世界。他首先做到中国第一，然后做成亚洲第一、世界第一。

2013 年 8 月，彭博亿万富豪榜发布，王健林以 142 亿美元的净资产首次登顶中国大陆最富有的人。2013 年 9 月，胡润百富榜发布，王健林以1350 亿元财富，首次成为中国首富，成为胡润百富榜开创 15 年来诞生的第十位新首富。

王健林赢得这一殊荣时，万达旗下的商业地产开发、旅游、豪华酒店、娱乐、百货连锁商店的业务遍布全中国，并涉足海外，不仅是中国最大的商业地产开发商，还是中国最大的影院运营商。

王健林所领导的万达具有鲜明的创新文化，万达的发展史，是一部极其生动的创新史。由王健林谱写的这部创业史，主要包括四个阶段。

第一阶段是从 1988 年到 1999 年期间的走向全国发展阶段。由于得不到计划指标和土地，王健林万达被迫选择以旧城改造方式获得土地，启动了大连市西岗区北京街旧城改造项目。由此，王健林成为全国第一个进行城市旧区改造开发的企业老板，在全国首创城市旧区改造的发展模式。当时，万达年房屋销售量占大连市房地产销售总量的两成以上，在大连房地产企业中脱颖而出。为了做大规模，万达实施跨区域开发战略。1993 年 5 月，王健林带领万达人奔赴广州番禺，开发了侨宫苑小区，成为全国首家跨区域发展的房地产企业，获得跨区域开发的宝贵经验。1998 年开始，王健林又先后到成都、长春等多个城市搞开发，迈出大规模跨区域发展的步伐。万达是全国跨区域发展城市最多的房地产企业，在全国超过 80 个城市有投资项目，遍及除西藏、青海、贵州之外的所有省、自治区和直辖市。

第二阶段是 2000 年以来的进军商业地产阶段。为使企业获得长期稳定的现金流，王健林主动进行战略转型，进军商业地产，在全国首创"订单地产"和"城市综合体"的商业模式，成立商业规划研究院、商业地产建设公司、商业管理公司，形成完整的产业链和企业核心竞争力，万达广场成为中国商业地产第一品牌。截至 2015 年年底，万达广场在全国已开业达 133 家，分布在包括江苏、浙江、广东、山东、福建、湖北、辽宁等在内的共26个省，遍布全国89个城市，拥有5000个品牌和2万个店铺，年客流量在20亿人左右，年销售额达1500亿元。同时，在2016年，又将有56座万达广场在全国各地开业，其中，三四线城市为主要阵地。

第三阶段是2009年以来的拓展文化旅游阶段。王健林为寻找新的发展空间和利润增长点，将文化和旅游产业作为企业新的重点发展方向，成为全国最大的文化和旅游投资企业。万达全面进入电影院线、影视制作、影视产业园区、舞台演艺、电影科技娱乐、主题公园、连锁娱乐、报刊传媒、字画收藏、文化旅游区10个行业。文化旅游逐渐成为万达新的支柱产业。

第四阶段是2012以来的跨国发展阶段。王健林提出，万达计划10年内成为世界一流的跨国企业，为中国的民营企业争光。王健林投资26亿美元，并购了美国院线AMC，成为中国企业海外并购大型文化企业的成功案例，也是中国文化产业最大的海外并购。紧接着，2013年6月，万达又投资4.9亿美元，并购了英国圣汐游艇公司。同时，投资10.8亿美元，在伦敦核心区建设超五星级万达酒店。

2011年9月，由万达开发的武汉中央文化区楚河汉街盛大开业。武汉中央文化区在产品规划、建筑特色和招商品质上，都堪称"中国第一、世界一流"。这个项目开业后，王健林随即评价说，今后，这样的项目不会在中国国内的市场出现了，因为中国国内，再没有这样一个城市拥有一个规模、地段和自然资源相结合得如此完美的地块。显然，在中国国内，武汉中央文化区是不可复制的。

无论做什么项目，万达都非常重视专业性。在王健林看来，做企业要经得住诱惑，万达只做商业、旅游和文化等具有相关性的产业，其他产业即使利润再高也不做。他说："诱惑肯定是有的，天天存在，对任何人都存在。如果一个人不能抵御诱惑，就不能成功，或者说他就不行。比方说，自己身体对自己就有诱惑，天天睡懒觉少干活最舒服了，你要扛不住这个诱惑还能成事吗？成不了事。大家要出去创业或者去学习读书也很累，也有很多很多种诱惑。其实人的一生善恶存于一体，勤奋懒惰也存于一体，人是一个复杂体，在内心两种东西博弈的时候，如果你自己受的健康教育多一点，或者你周围有好的同事、哥们多一点，你就会往好的地方走；否则，你就会被带到沟里去了。"

随着万达不断发展壮大，王健林做百年企业的梦想越来越强烈。因此，王健林做项目的目光越来越长远，所追求的都是长期利益。万达所从事的产业，不论是商业地产、文化产业、旅游产业，还是金融投资，都是在追求长期稳定的现金流。王健林的做事风格和方法，就是树立长远目标、追求长期利益。

早在万达刚刚发迹之时，曾有人建议王健林去内蒙古投资煤矿，直到现在，还有很多人以各种项目来游说王健林投资。但是，面对所有的诱惑，王健林都不为所动，坚持扎扎实实地做实业。他说："万达绝对不会把投资放在第一位，更不会做金融衍生品，就是扎扎实实做实业。从现代企业历史看，很少有企业靠做投资成为世界500强，虽然有像巴菲特这样成功的投资家，但他的公司不是世界500强。做短线、挣快钱，企业很难成为世界级企业，企业家也很难成为世界级富翁。"

应该说，文化产业和旅游产业是万达的主攻方向，王健林尤其看好海外高端酒店投资。他说："中国到了需要有自己的企业进入全球奢华酒店行业的时候了。从全球看，酒店竞争主要还是靠品牌影响力。万达的目标是到2020年，海外高端酒店做到15个。"

按照王健林的规划，从2016年开始，万达电影制作和发行、万达体育、万达旅游、万达网络金融等业务都将相继上市，此后，万达三分之二的利润和收入将来源于服务业。

作为一名聪明的投资者，王健林是非常有眼光的。万达实施的海外投资并购，主要是面对发达国家的文化娱乐产业和房地产类项目。继 2012 年以 26 亿美元收购美国院线 AMC 后，2015 年 11 月，万达以 22.46 亿元收购英国公司 HG ANZ 持有的 HG Holdco 100% 股权以及 7000 万澳元的债权。此次收购的完成意味着全球 10% 院线的市场份额都被万达占据。2016 年 1 月，万达以 35 亿美元收购美国传奇影业公司。2016 年 3 月，万达旗下的 AMC 出资 11 亿美元并购卡麦克院线。2016 年 7 月，万达旗下的 AMC 以 9.21 亿英镑 (约合 80.94 亿元人民币) 并购了欧洲第一大院线——Odeon & UCI 院线。2016 年 7 月，万达将并购目标又瞄准了好莱坞六大电影公司之一的派拉蒙影业。

王健林在很多场合都公开表示："我们进入一个行业就一个目标，扛得住诱惑，扎扎实实做实业，要么做中国第一，要么就做世界第一。"

第十章

向我看齐，做一个有人格魅力的管理者

01 管理上，必须做到令行禁止

　　万达做事一向是雷厉风行，实行"令行禁止"的军事化管理。当过兵的人都知道令行禁止的意思，更知道令行禁止的重要性与严肃性。做到令行禁止，是保证部队完成各项任务的前提。只有做到令行禁止的部队才称得上是过硬的部队，只有做到令行禁止的士兵才是合格的士兵。很多人说企业管理就像军队一样，必须做到令行禁止。

——王健林

　　作为万达的董事长，王健林积累了一整套比较成熟的企业管理经验。在王健林的心目中，始终装着"激励、集权、严格、实效"这八个字。王健林说，激励是企业制度的目的，不是约束你、而是激励你，不是处罚你、而是引导你好好去干；集权管理是万达的特点，是跨区域发展的需要，现在回头看，当初商业开发定下集权管理非常正确，这是基于实践的灵感爆发；严格就是古人讲的"令行禁止"。规矩一旦定下，关键是执行。美国通用

公司的首席执行官韦尔奇先生有句名言："最伟大的是执行。"创新、理念、设计都比不上执行的伟大。只有执行才能把理想化为实践、化为效果，所以我们的财务委派制度、招投标制度一定要严格执行，尤其是招投标制度，只有严格才能杜绝腐败、黑幕；实效，一是定立制度要针对性强，要有效果；不用写在纸上，钉在墙上。二要检查落实，定下的制度，总公司要经常去检查评比，执行好的要奖励，差的要处罚。

王健林在大连高级经理学院发表演讲时，阐明创新企业管理必须做好四件事。

一是领导以身作则。王健林说，作为企业的领导，最基本的素质就是要以身作则。要下属做到的事情，领导自己要首先要做到，只有这样，才能够起到良好的带头作用。企业领导自身端正，作出表率，不用下命令，企业员工也会跟着行动起来。相反，如果企业领导自身不端正，而要求企业员工端正，那么，要求令行禁止，员工们也不会服气。因此，企业领导必须做好表率，以身作则，企业才能令行禁止。

二是考核指标量化。王健林说，要做到公平公正，不以主观取人，关键是考核指标量化。万达要求所有考核指标量化，不能凭主观感觉。经营部门每年签决策文件，各项考核指标清楚。非经营部门，如人力资源中心，我们会根据项目开发计划，列明每年需要多少高管、多少员工，储备多少干部，用人有什么要求，多长时间到位，做到指标量化。企业文化中心从企业官网流量、新闻报道、员工文化活动、公关关系等方面进行量化。

三是严格执行奖罚。王健林说，规矩定了，关键看敢不敢较真，这就可以看出管理水平。比如万达院线有一年自己把指标定高了，相当一部分影城辛苦一年，算下来一分奖金都没有，这时候发不发钱就要较真。在万达不讲情面，都是按制度。所以万达有的项目总经理奖金比副总裁拿得还多，同样的公司同样的岗位，薪金可能相差3倍，但大家都服气。在万达，违反制度就要受到惩罚。万达曾有一位主管招投标的副总裁，在一次电缆招标中，违反规定让排名靠后的单位中标，后来事情败露，我们二话没说就把他开除了。

四是内部审计制度。王健林说，万达有个很厉害的审计部，兼有审计监察双重功能，人、财、物都直接归我管理；人员很多是审计师、纪检人员出身。我们对所有公司每年一审计，审计后出示三种意见：第一是管理建议书，不处罚，只提管理建议；第二是整改通知书，有处罚，但限于行政经济处罚；第三是审计通报，开除责任人或移送司法。万达审计非常严格，这些年开除了不少人，每年都有几个人被移送司法机关。这种内部审计制度对内部人员违规有很大的震慑作用。由于奖惩严格，万达基本做到令行禁止，所以很多人说万达企业管理就像军队一样。

王健林始终强调万达管理不靠忠诚度靠制度。万达制度设计注重堵漏洞，不给员工犯错机会，而不是事后处罚。王健林认为，现在社会诱惑多，忠诚度也会随时间发生变化，制度设计必须建立在不信任任何人的基础上，以防范风险。很多企业制度不少，科技水平也不低，但依然管理不好，重要原因是奖惩不明，员工积极性调动不起来。在万达，管理上是不讲任何情面的，一律靠制度说话。

王健林的铁腕管理方式，来自于他骨子里的那种军人的铁血作风。他将自己多年在部队生活中形成的良好习惯融入到了万达的管理工作之中，打造出了一支执行力强的军事化管理团队。在万达，严格奉行"令行禁止"的军事化管理文化。正是这支军事作风过硬的团队，让万达越来越强大。王健林说："万达做事一向是雷厉风行，实行'令行禁止'的军事化管理。当过兵的人都知道令行禁止的意思，更知道令行禁止的重要性与严肃性。

做到令行禁止，是保证部队完成各项任务的前提。只有做到令行禁止的部队才称得上是过硬的部队，只有做到令行禁止的士兵才是合格的士兵。很多人说企业管理就像军队一样，必须做到令行禁止。"

王健林一直是说到做到。自 1988 年以来，万达建设了近百个项目，只有昆明的一个项目没有能够按期交工。业界人士知道，在国内的地产行业，工程项目延期几乎是习以为常的事情。但是，在令行禁止的万达，不按期交工是绝对不行的。因为没有按期交工，负责昆明项目的总经理就被万达开除了。

02 要求员工做到的，自己首先做到

万达多年实践证明，不管国内企业还是海外企业，一个单位精气神如何，风气正不正，关键在于一把手。我是万达创始人，而且是绝对控股的大股东。但我依然坚持，我要求员工做到的，自己首先做到。论敬业，我每天7点多到公司，早来晚走，很少休息，是最勤奋的企业家；讲廉洁，招投标我从不干涉，在公司里没有我的任何亲戚，而且我对自己的亲属也严格要求，不允许亲属与公司做生意；讲用人，我不论亲疏，只看能力，员工在万达工作好就是最大的关系，提倡人际关系简单化。所以到现在为止，在公司里我敢说一句话：向我看齐。

——王健林

在万达，从来没有人会抱怨王健林太过严格，这是因为，王健林从来不放松对自己的严格要求。要求员工做到的，他自己首先做到。

王健林每天都差不多7点20分赶到公司，一年只有过年休息5天，其

他时间都在工作，基本没有什么娱乐活动。军人出身的他，从来都是严格要求自己。王健林明令禁止万达所有高管的子女加入万达团队，他自己首先做到这一点。万达成立近30年来，王健林从来都不允许自己的任何家人进入万达的实际操作部门工作，夫人成立了自己的投资公司，儿子王思聪从英国留学回来后，虽然担任了万达的董事，但也是独自投资了竞技游戏公司。王健林的四个弟弟，都在四川老家老老实实地做着自己的小生意，没有一个弟弟在万达工作。

王健林认为，只有企业的领导者以身作则，让领导者以身作则成为一种特殊的企业文化，才能切实增强企业的凝聚力。王健林说，根据我个人理解，企业文化是企业在长期生产、经营、管理实践中，逐步形成、不断发展的具有企业特色的理念、价值观、制度、行为方式等的总和。

王健林深知，对于企业的发展来说，企业文化具有导向、约束、凝聚、激励、调试等功能。导向功能就是企业文化对企业的经理人和员工起引导作用；约束功能就是通过完善管理制度和道德规范来实现对经理人和员工的约束；凝聚功能就是在企业中创造团结、信任的气氛，强化员工的团体意识，从而增强企业的凝聚力；激励功能就是共同的价值观使得员工感受到自己在企业的价值，精神得到满足，这种精神的满足激励员工努力工作，特别是当企业外在的形象非常好的时期，荣誉感、自豪感更能对员工起到激励的作用；调适功能就是企业的行为是各部门合作的产物，既然是合作，就必定会产生需要调整和适应的问题，拥有健全的企业文化，能使经营者和员工用科学的方法处理各种矛盾。

王健林认为，要想让企业文化的功能都发挥出来，必须强化企业领导者的率先垂范意识。在一些企业中，有一种较为流行的观点，就是企业搞得好不好，关键要看领导。企业领导人的确是搞好企业文化的重要因素，一个企业的兴衰往往和企业的领导人变换有着直接的关系。

王健林非常欣赏麦肯锡咨询公司顾问艾伦·肯尼迪所说的一段话："杰出而成功的企业都有强有力的企业文化，即为全体员工共同遵守，但往往是自然约定俗成的而非书面的行为规范；并有各种各样用来宣传、强化这些价值观念的仪式和习俗。正是企业文化这一非技术、非经济的因素，导致了这些决策的产生、企业中的人事任免及员工们的行为举止、衣着爱好、生活习惯。在两个其他条件都相差无几的企业中，由于其文化的强弱不同，对企业发展所产生的后果就完全不同。"

由于企业文化的不同，直接导致了企业凝聚力的差异。有的企业下班时间一到，员工们会争先恐后往外走。甚至在下班时间没到的时候，员工们就早已收拾好了一切，焦急地等待着下班时间的到来。而在有的企业里，虽然下班已经到了，但办公室的灯仍然亮着，许多的员工们仍然在从容不迫地工作，还有人在不停地敲着键盘打文件。特别是任务紧急的时候，员工们都在加班加点地赶任务。万达的工作氛围，就是属于后一种，人人都有着非常强的敬业精神。应该说，这种敬业精神的形成，与王健林的以身作则有直接的关系。

17年的军旅生涯，让王健林养成了一种雷厉风行、令行禁止的习惯。即使转业到地方，尤其是领办企业后，他做事依旧是规规矩矩、兢兢业业。只要不是出差，他每天早上都是7点20分到公司，参加任何活动从不迟到一分钟。

王健林的做事风格，直接影响到了万达员工。万达有一个规矩，就是从高管到基层，男员工必须穿深色西装，而且打领带；女员工必须穿职业套装，而且一定要化淡妆。公司虽然要求是8点30分上班，但因为王健林从来都是7点20分来公司，因此，员工受其影响，基本上都会提前一个多小时来到公司。其实，能像王健林这样天天准时到公司的老总并不常见。王健林以身作则，万达的各级管理层和员工都处在一个紧张的工作状态，谁也不敢懈怠。

　　王健林认为，企业文化不是用来看的，关键要能增强企业的凝聚力。实践证明，万达企业文化的功效，极大地增强了企业的凝聚力，提升了员工的忠诚度。万达曾经做过一次员工流失率调查，即在 2006 年至 2010 年的 5 年时间里，万达高管平均离职率为 6.2%，而其中有相当一部分是被万达辞退的。离职高管中，80% 的人是在入职一年之内离职的，入职 3 年以上的高管离职率平均只有 1.2%。对此，王健林曾经开玩笑地说："大部分离职高管都是万达的'洗澡员工'，这个说法是参照阳澄湖的'洗澡蟹'而来的。外地养的螃蟹运到阳澄湖，在湖里放一两个星期，就能当美名远扬的阳澄湖大闸蟹卖了。'洗澡员工'就像'洗澡蟹'一样，不是真正的万达员工。现在，万达高管都是猎头挖角的对象，但是入职 3 年以上的高管离职率很低，特别是核心高管离职率更低，这说明什么？说明万达企业文化真正增强了企业凝聚力。"

03 关爱员工，让团队既团结又活泼

我觉得，民营企业更应该注意关爱员工，因为雇主和员工的互动问题在民营企业要比国营企业更突出。民企如今在 GDP 中占据了中国的半壁江山，民营经济带动的就业已经占到新增城镇就业的 70% 以上，所以谈关爱员工，这个话题非常实际。万达的具体做法是五句话：广阔的企业前景，良好的个人事业平台，简单的人际关系，一流的物质待遇，优秀的企业文化。

——王健林

2007 年 6 月 29 日，在第四届全国民营企业关爱员工、实现双赢经验交流暨表彰大会上，王健林被评为"全国关爱员工优秀民营企业家"，并作为获奖企业家唯一代表在大会上介绍经验。而在此前的 2006 年，王健林还获得了中央电视台评选的"最佳雇主"称号。

29 日当天，王健林作了题为《企业发展成果首先惠及员工》的经验介绍。王健林在发言中说："我觉得，民营企业更应该注意关爱员工，因为雇主

和员工的互动问题在民营企业要比国营企业更突出。民企如今在 GDP 中占据了中国的半壁江山，民营经济带动的就业已经占到新增城镇就业的 70% 以上，所以谈关爱员工，这个话题非常实际。万达的具体做法是五句话：广阔的企业前景，良好的个人事业平台，简单的人际关系，一流的物质待遇，优秀的企业文化。"

第一，万达为员工的发展创造事业平台。王健林说，其实，员工喜欢这个企业，愿意到这里来，不仅仅是看收入、看待遇，尤其那些有志发展，也有一定才智的员工，他们更关注自己在这个企业里能不能增长才干、有没有更好的个人事业平台和良好的发展机会。我们请专业的国际咨询公司做企业调查，每年都做，而每一次调查，员工的第一个选择都是关于个人发展。这就促使我去思考，怎么给员工更好的个人事业平台？我想来想去就是一句话：企业只有处在一个良好的上升轨道，事业前景不断发展，才能创造出更多的事业平台。万达这几年不断开发，几乎每年都有十几个商业综合体（商业中心、五星酒店、写字楼），每开发一个成功项目，就意味着 3～4 套的组织机构建立起来了，也就提供了很多的员工工作岗位、管理岗位。在万达可以这么说，你只要努力工作，很快就有晋升机会。现在我们企业的销售收入在增加，随着品牌的建立、良好融资平台的建立，能制约我们发展的就是人才了。我们千方百计地想怎样更好地吸引人才。要吸引人才，就要给员工事业空间，让他们不断有晋升的机会。

第二，万达为员工的进步建立培训机制。王健林说，为什么我要提这句话呢？因为我的经历使我深深体会到人际关系在某些环境下的重大影响。很多人不是在做事情，而是在做关系。所以我在成立企业后，非常注重建立一种简单的人际关系，使员工能全身心地投入工作。我们主要做了三点：一是不搞帮派，不搞亲疏。我自己在这个企业有接近 8 成的股份，但企业里没有我的一个亲属，我宁肯给亲属钱，让他们自己出去干，还不能干跟我公司相关的业务，做到这一点实在不容易，也是经过反复的斗争才让他们理解的。二是不搞公司政治。我曾经在公司炒掉了两个高管，他们都是从国有企业来的，老喜欢搞亲疏，老是几个人、十几个人成天弄在一起，一开会讨论提拔职务、晋升工资，就拼命为自己圈子的人说话。我是很反对这个的，公司要努力塑造一种大家完全平等的关系。三是公正用人。这说着容易，做起来非常难。难在你怎么能评估出是"公正"？你建立在什么标准上用人公正？你自以为是公正用人，其实不一定。于是，我在企业采取了几条线重合评判：一是依据我跟各高管的感觉，因为对部下的评价毕竟始发于总经理、副总经理、部门经理等，也就是说依据领导的感觉做评价。二是依据人力资源部的考核。我们规定：考核副总经理级的，必须对其下属所有部门经理进行访谈，每年都搞，每个部门经理都有发言权；考核部门经理，就必须访谈他的下属每个员工。考核时，一对一，不准第二人在场，你敞开来说。三是设立内部审计部，有自己的举报渠道，信息渠道。把这三条线重合在一起，公正用人估计就不会出大错了。我们要杜绝的就是简单地听取某个领导的一句话来用人。用好一个人，就鼓励一大片；用错一个人，就打击了一群人。

第三，万达为员工的工作提供一流待遇。王健林说，说来说去，人生活在物质的社会里，最关键、最基础的东西，还是要提供良好的物质待遇。在万达，这不仅是精神满足和物质享受，其实是一种保障。一是提供超一流的高收入。我们集团现在有 5 个行业，每一个行业都对应它在全国的工资水平来形成竞争力优势。因此，万达员工的收入还是非常高的，可以说不是国家级的，而是基本达到世界 500 强的收入水平。二是提供人性化的关怀。我们 6 年前就实现带薪休假，每人每年最少 6 天，多至 20 天。还在昂贵的中心区写字楼里建有健身中心，让员工免费去健身、运动。集团要求各公司每年不少于组织5次集体活动，由公司出钱，大家一起出去玩一玩，促进感情交流，以建立良好的企业人际关系。三是提供"终身保障制度"。几年前我说过一句话：如果万达员工，不论高管或普通员工，退休后要靠退休金来保障终身和养老的话，那就是我们公司或者我做得失败。要终身有保障，就是要公司好好发展，有坚实的物质基础。我们为什么从住宅地产转型商业地产，做商业中心、五星级酒店？就是要有长期稳定的现金流，使企业能够长寿百年。如果没有长期稳定的现金流，10年后企业都找不到了，谈何终身保障！

第四，万达为员工的生活倾注贴心关怀。王健林说，我的想法核心就是：要对得起跟随我的团队。我们已经发文：部门经理以下的员工，退休时按退休前5年的工资总额一次性给付现金。比如你退休前一年收入20万，那你一次性就拿走100万。我们干房地产的，员工房子好解决。原来是无偿分房，现在不能这么做，我们就给员工付首期，每人30万。部门经理以上的还有车补，每月几千块钱。但是，员工有房有车、收入又高后，就会发生变化，成天想着钱怎样才能多一点儿，房子好一点儿，怎么办？那就让他们去看看最穷的人过的是什么日子。每年这个活动回来后，员工写很多文章，非常感叹，说没有想到其实不远的地方就有这么穷的人家。我们要让员工知道感恩社会、公司和你的团队，你的成就不完全是你自己的功劳，是你赶上了大时代、大趋势，加上你稍微努力，才能有今天。但是，还有很穷的人需要帮助，要让员工有良好的心态对待社会，懂得帮助穷人。

第五，万达为员工的成长给予思想引导。王健林说，要善于打造简单的人际关系，让这个公司很阳光。关爱员工，还要讲文化。企业要有一种良好的追求，有一个好的精神状态，使员工看见这个公司很阳光、很健康。

对于优秀的企业文化，万达也有一个工程：每年推荐读一本书，由总裁会推荐后买了发给员工，这个我们坚持好多年了。读书后，一是要求员工写一篇超过 500 字的笔记，就这么点，这你怎么也要翻一翻吧；二是每个公司自己组织一次演讲。全国 70 多家公司，演讲后选出第一名，到集团演讲，再评出一、二、三等奖，出版演讲集，放上他的照片，就作为一种鼓励。三是每年出一本故事集，就记载公司的好人好事，对员工也是一种激励。四是每年一次年会，这是万达企业文化的第一品牌，鼓励员工，很感人。每年还有一次"良心之旅"，员工要选他公司当地一个最穷的村去访贫问苦。并且，公司不发钱，由个人捐助。

王健林认为，良好的文化熏陶、物质待遇、人际关系、事业平台，让职工队伍既团结又活泼，才能为员工创造更高的幸福指数。

04　让一切工作成为精品

万达有远大愿景，对工作标准要求极高，追求"让一切工作成为精品"。如果万达定位做中国一流企业，就不用一年开业 20 个广场，每年有 5 个就够，但万达的目标是做世界级企业。我们要靠自身努力，跟垄断企业比比高低。按照万达现在的发展趋势，2015 年收入将超 2000 亿元，资产 3000 亿元，年纳税 300 亿元，净利润几百亿元，排在中国企业前列。而且万达完全靠自己、靠市场发展，更受人尊重。万达只要进入的产业，至少做到中国行业第一，追求世界行业第一，万达人必须有做到最好的意识。

——王健林

王健林从 1988 年辞官下海做房地产的那一天起，就立下了干一番大事业的雄心壮志。当时，军人派头十足的王健林，所恪守的做事原则是，要么不做，要做就做到最好。他带领万达从旧城改造项目做起，强化精品意识，树立了良好的品牌形象。

首富王健林——大业已成的创业者

十年磨一剑，当王健林带领万达人走过了十年的创业历程后，万达已经成为中国房地产业的明星级企业。依靠产品创新和技术突破的商业智慧，万达打造了一个又一个精品项目，获得了一个又一个明珠般的荣誉。万达建设的大连香海花园，成为国内唯一一个联合国人居大会的商品房展示小区；大连名泽苑成为当时大连市最高档的楼盘；大连星海人家和在长春开发建设的长春明珠，都获得了全国住宅设计智能社区金奖；大连雍景台获建设部鲁班奖。

2006 年初，已经将产业重心转移到商业地产的万达宣称：万达将致力于高端豪宅、奢华别墅的开发和研究，全力打造中国住宅地产的精品工程。随后，万达就启动了海景豪宅大连明珠和北京万达大湖公馆。这两个高档住宅小区竣工后，都成为中国城市豪宅的样本工程。

在中国内地，以"万达公馆"命名的万达豪宅系列遍布国内一、二线城市，受到市场的热烈追捧。万达豪宅项目始终本着没有最好、只有更好的原则，力求精益求精，赢得了广泛的声誉和旺盛的人气，成为引领中国国内豪宅创新的杰出典范。在万达累计在全国开发的 1000 万平方米住宅面积中，城市豪宅已成为万达产品线中极具影响力的物业类型，专业成就得到了业界的广泛认可。

万达豪宅项目能够在业界独树一帜，是因为区位、环境、配套三大优势的会聚成为万达豪宅血统的固有基因。王健林说，万达开发建设的豪宅项目，至少应该具备核心的地段、优良的景观、高端的配套、卓越的品质、强大的品牌、尊贵的服务六个方面的要素，将传统的地段豪宅、景观豪宅、品质豪宅等几大豪宅类型的独特优势融为一体，开创性地打造一种更为强调综合素质的升级版城市豪宅，以此构建了世界级的尖端生活运营平台。万达所打造的豪宅项目，对中国城市豪宅标准的全面提升，无疑起到了非常重要的引领作用。万达豪宅对专业化的精益求精，既实现了对城市价值的挖掘与再造，也体现了对豪宅使用者的尊重和对生活方式的巨大改变。

在提起做精品项目时，王健林说："万达有远大愿景，对工作标准要求极高，追求'让一切工作成为精品'。如果万达定位做中国一流企业，就不用一年开业20个广场，每年有5个就够，但万达的目标是做世界级企业。我们要靠自身努力，跟垄断企业比比高低。按照万达现在的发展趋势，2015年收入将超2000亿元，资产3000亿元，年纳税300亿元，净利润几百亿元，排在中国企业前列。而且万达完全靠自己、靠市场发展，更受人尊重。万达只要进入的产业，至少做到中国行业第一，追求世界行业第一，万达人必须有做到最好的意识。"

王健林觉得，在打造"万达公馆"项目的过程中，每一个环节的衔接、每一个细节的展示，哪怕只是一枚小小的螺丝钉，都是万达对客户未来完美生活的承诺。王健林所强调的是，要么不做，要做就要做到最好。万达豪宅的质量，就是在一次又一次的精益求精中，不断地寻求突破、不断地追求完美，从而实现没有最好，只有更好。

除了在住宅地产项目上做成精品外，万达在文化产业和商业地产方面，也在业界发挥了应有的引领作用。王健林之所以底气十足地提出"只要万达进入的产业，至少做到中国行业第一，追求世界行业第一"的目标，是因为他拥有"发现市场、创造市场"这一独特的投资理念。

业界人士知道，在中国的地产界，万达被冠以"城市中心缔造者"的称号。截至2015年12月31日，全国已有133座万达广场开业。而到2016年12月31日，全国开业的万达广场达到了183座，2016年全年实现开业万达广场50座。万达广场遍布全国50多个一、二线城市，缔造了一个又一个商业中心。无论是北京、上海、深圳等一线城市，还是宁波、苏州、武汉、重庆等二线城市，万达广场每到一地，就能带动周边的城市建设尤其是商贸行业的快速发展，每个万达广场，都能创造近万个就业岗位，每年创造上亿元的税收。

在王健林的带领下，万达在多年的开疆拓土中，创立了不可复制的商业模式，尤其是商业地产更是独树一帜。为了保证开发项目的非同凡响，万达成立了商业规划研究院。万达商业规划研究院是全国唯一一家从事商业及文化旅游项目规划设计、进行全过程管控的技术管理和研究的机构。万达商业规划研究院现有员工近 300 人，均为兼具建筑设计及房地产公司商业管理经验的复合型人才。万达不仅成立了商业规划研究院，还成立了自己的酒店管理公司。

在万达的发展历程中，王健林拥有着非常强大的商业资源。万达与 50 家跨国企业签署了合作协议，建立合作关系的普通商家超过 5000 家，连锁百货 110 家，难怪王健林说，万达不存在招商问题。万达一直有一个非常个性化的口号，叫"全场开业，竣工就是开业日"，这一口号，万达从来都是说到做到的，也许，这是全国其他任何一个地产商都做不到的。

毫无疑问，万达的商业地产已经做得非常成熟，形成了自己独有的特色和文化。一直以来，王健林对公司的工作要求标准极高，让员工人人都要树立"让一切工作成为精品"的意识。王健林强调，在万达，一定要说到做到，共同朝着"国际万达，百年企业"的目标迈进，不断创造新的"万达速度"和"万达奇迹"。

05 要妥善处理政商关系

在中国做生意绕不开政商关系，我曾经说过"亲近政府，远离政治"。很多人装清高，认为可以离开政府。其实不要说在中国，在美国英国不理政府做生意也很费劲。中国是政府主导经济，尤其我们做地产行业，绕不开政府。怎么办？处理好正常关系，最好的办法是做他求你的生意，我们的业务全部来自邀请，关系自然好处理。现在很简单，我们发展部到各地都是别人请我们喝酒，不用请别人。

——王健林

在中国做生意，如何把握尺度，妥善处理政商关系，是企业界一直绕不开的话题。对此，王健林给出的答案是"亲近政府，远离政治"。王健林说："这句话的核心就是要走市场，搞自己的商业模式，但我也不赞成远离政府，在中国我觉得远离政府太假了。"

多年以来，许多政府官员的朋友圈中少不了企业家，企业家的朋友圈中一般也少不了政府官员。政府官员招商引资上项目离不开企业家，企业家承揽项目发展壮大企业离不开政府官员。但在中央重拳反腐的大背景下，政商关系似乎发生了一些微妙的变化，很多政府官员与企业家之间的关系开始淡化，互相都似乎刻意保持着一定距离。这一时期，如何看待和处理政商关系，成为敏感而现实的问题。

王健林认为，虽然中国处于改革的深水区，简政放权的步伐加速推进，很多项目审批权或已取消，或已下放，但是，并不代表企业家可以远离政府。虽说企业家应专注于商业，但在任何一个国家，企业家远离政府都是不现实的。其原因在于，无论是企业生产的商品还是企业提供的服务，都要接受政府相关部门的监管监督，企业纳税、出口等方面也离不开政府服务。

王健林总是善于从宏观角度观察微观变化，从而作出相应的判断和决策。他对国家出台的大政方针、整个行业的发展趋势、发展中出现的热点难点问题，一直非常关注。应该说，王健林是一个卡位高手，他带领万达每走一步，都能踩在点上，从而创造了一个又一个奇迹。他说："做企业一定要顺势而为，而不要逆势而动。"

有人说，王健林是一个非常会处理政商关系的高手。他一手抓市场化发展，万达的产品，包括地产、院线、连锁百货等都是市场化的东西；另一手处理与政府的关系，万达似乎与政府之间总有着千丝万缕的联系。王健林基本做到了两手抓、两手硬。

业界人士都知道，"亲近政府，远离政治"是王健林的名言。他从来不避讳与政府的关系，每年的全国两会，政协会议的驻地，就是位于北京市石景山区的万达铂尔曼酒店。王健林在接受媒体采访时直言，他喜欢亲近政府，但是只和政治上有追求的官员打交道。

王健林强调说，政商关系，在中国的确是一个非常复杂的问题，这个问题比你哈佛读博士还要困难。他认为，在中国经商，不理政府那是不可能的，就是在美国，也不可能不理政府，因为在哪里都需要政府的审批，但是一定要把握好一个度，不去做使自己伤筋动骨的事情，不去搞歪门邪道。

王健林说，之所以万达广场每到一处，都会受到政府的热烈欢迎，是因为它有把城市非中心变成城市中心的能力，它符合了政府的业绩要求。特别是无人可比的万达速度，更是满足了地方官员在任期内看到政绩的需要。有了政府的支持，万达就可以信心满满地做着"国企不会干、民企干不了的事情"。也的确是这样的，万达所做的很多项目，国企没有能干得了的人才；而对一般的民企来说，门槛又太高了，因为动辄就需要几十亿、上百亿的投资。

就中国的企业家为什么不可能远离政府这一问题，王健林做了比较详细的阐述。他说，一是很多资源掌握在政府手中。以开发商业地产为主的万达为例，企业生存的基础资源是城市核心区土地，目前，我国土地出让主要由地方政府决定。此外，万达广场的项目环评、规划、建设等方面也离不开政府监管。二是政府仍掌握着大量审批权。虽然党的十八大后从中央部门到地方政府，大幅取消和下放行政审批事项，但一些行政审批事项下放后遭遇"肠梗阻"，并未真正落地；还有很多审批事项必须保留，所以，假如某些企业家想远离政府，也是空想。三是由于我国市场机制目前尚不健全，政府与企业暂时仍难以分开。作为政府而言，由于担心企业、市场出现问题，必然要在很多环节上进行监管。对于很多企业来说，为了不触犯政策法规"红线"，也会主动接受政府监管。不过，随着市场机制逐渐成熟，今后政商关系的"亲密"度会有所变化。

06 做慈善帮助别人，其实是帮助自己

对于慈善，过去中国人有一个传统观念：乐善好施，或者叫助人为乐。慈善最重要的就是在帮助别人的同时能获得自身心灵满足感。所以真正做慈善的人，不是为了面子，而是为了自身心灵的一种满足。在帮助别人的同时自己活得快乐。这是真实的很舒服的感受，所以可以长远地做下去。所以我觉得做慈善对于我本身来说是一种很好的完善，心灵的提升。

——王健林

2016年9月1日，第九届"中华慈善奖"颁奖盛典，在美丽的江南城市江苏南通举行。颁奖典礼上，王健林被授予"最具爱心捐赠个人"奖，这是他个人第四次获"中华慈善奖"。

中华慈善奖是中国慈善事业领域的最高政府奖，该奖项自2005年设立以来，已经颁发了9届，万达及王健林本人已经8次获奖，是获奖次数最多的企业和个人。第九届中华慈善奖，已由过去的一年评选表彰一次，

改为两年评选表彰一次。同时，受表彰的名额，也由以往每届 100 个，减少到不超过 50 个。由此可见，第九届"中华慈善奖"的获奖门槛更高，评审更严格。王健林能够在评奖周期长、获奖名额少的情况下获奖，充分说明万达及王健林本人，已经把慈善事业做到了全国企业的前列。

据统计，王健林接手万达 28 年来，已累计为社会慈善事业捐助现金超过 50 亿元，万达因此成为中国慈善事业捐赠额最大的企业之一。

2016 年 10 月 16 日，全国脱贫攻坚奖表彰大会在北京召开，王健林以创造贵州省丹寨县精准扶贫模式，荣获了全国脱贫攻坚"创新奖"。这是中央首次召开全国扶贫攻坚奖表彰大会。

在"十三五"脱贫攻坚期间，全国脱贫攻坚奖表彰活动将每年举行一次，以表彰为脱贫攻坚作出突出贡献的各界人士。全国脱贫攻坚奖设奋进奖、贡献奖、奉献奖、创新奖四个奖项，每个奖项每年表彰的个人或团体不超过 10 个。

2014 年 12 月，王健林决定对口帮扶贵州省丹寨县整体脱贫。从那时起，王健林带领万达人，先后 10 余次奔赴丹寨县调研当地的贫困情况，研究新上扶贫项目。王健林结合丹寨县的实际状况，确定在丹寨县建立职业技术学院、打造旅游小镇、设立扶贫专项基金三大扶贫项目，累计投入扶贫资金 14 亿元。其中，建立丹寨职业技术学院总投资 3 亿元，建筑面积 5 万平方米，可同时容纳 2000 名学生，主要招收丹寨籍学生，每年择优录取 50% 毕业生到万达就业。打造丹寨旅游小镇总投资 6 亿元，发展贵州独具特色的民族旅游产业，不仅创造经济效益，而且将新增 2000 ～ 3000 个永久就业岗位，缓解丹寨县城就业难的问题。设立万达专项扶贫基金规模 5 亿元，由万达投资公司理财，每年保底 5000 万元收益，无偿分配给丹寨县产业扶贫无法惠及的 1 万名孤、残、重病等特殊贫困人群。王健林提出，万达将对症下药，创造中国精准扶贫新模式，两年实现丹寨县贫困人口全部脱贫。所有项目于 2017 年投入运营后，将使丹寨县整体经济发生较大改变，实现永久脱贫。

王健林说："对于慈善，过去中国人有一个传统观念：乐善好施，或者叫助人为乐。慈善最重要的就是在帮助别人的同时能获得自身心灵满足感。所以真正做慈善的人，不是为了面子，而是为了自身心灵的一种满足。在帮助别人的同时自己活得快乐。这是真实的很舒服的感受，所以可以长远地做下去。所以我觉得做慈善对于我本身来说是一种很好的完善，心灵的提升。"

自 2013 年以来，万达不间断地进行大额捐赠。为四川雅安地震捐款 1000 万元、云南鲁甸地震捐款 1000 万元、西藏地震捐款 500 万元；为在四川广元建设当地最好的中学捐款 1 亿元；为大连的困难群众每年春节捐款 1000 万元；为帮助大病儿童向爱佑慈善基金会捐款 2000 万元；为支持中国足球振兴投入 6 亿元，重点支持"中国足球希望之星"赴西班牙留学项目，选拔 150 名优秀青少年足球人才赴西班牙学习，为中国足球培养大量后备人才。毫无疑问，慈善家，已经成为王健林身上最著名的标签。

万达有一个超过 13 万人的自有义工组织，在全球拥有超过 1000 家义工站，万达义工人员每人每年至少做一次义工。由此，《中国慈善家》杂志甚至直接称呼王健林为"首善王"。对此称呼，王健林毫不掩饰地说："我想成为一个大慈善家，首先成为中国最大的慈善家，然后成为世界级慈善家。"

在全球的公益慈善领域，王健林最为欣赏的是比尔·盖茨。他非常敬佩比尔·盖茨能在微软总裁那么高的位置急流勇退，一次性捐款 580 亿美元做慈善，把自己创造的财富，几乎毫无保留地回馈给了社会。

在万达，"共创财富，公益社会"不仅成为企业文化的一个重要理念，还树立了"物的价值低于人的价值，个人的价值低于企业的价值，企业的价值低于社会的价值"的核心价值观。在王健林看来，社会价值高于一切价值，当个人的利益、企业的利益与社会的利益产生矛盾时，万达要服从社会的利益。

王健林一直强调万达人要承担一定的社会责任，而且说到做到。一是万达从创业之初就十分重视慈善捐助。万达在企业刚刚成立两年的时候，就对社会进行了捐款。1993 年，为了资助西岗体育馆建设，万达捐款 2000 万元。2008 年 5 月，万达共为四川汶川地震灾区捐献 3.5 亿元。二是万达把教育作为慈善的重点。万达先后在全国捐建了 40 多家希望小学和中学，还为几所大学进行了捐款。1994 年，万达为大连大学捐款 5 亿元，之后，还陆陆续续为大连大学捐款 2500 万元。三是万达把员工行善视为成绩。在万达，员工行善会得到公司的重用和奖赏。四是万达的员工在慈善方面已经蔚然成风。在万达，由于万达的企业文化就是要公益社会，承担社会责任，所以，在这种企业文化的熏陶下，万达的员工的慈善行为已蔚然成风。

在王健林的带领下，万达不仅在国家需要的时候义无反顾地进行慈善捐助，用慈善感动了中国，更重要的是，万达十分重视企业员工的慈善行为。正是因为万达重视并支持员工的慈善行为，才使得慈善之风在万达盛行，并形成了一种强势的企业文化。

王健林说："万达要做好慈善捐助，捐助额要与企业发展规模相适应，企业规模越大，捐助额越大。万达将成立一个慈善基金，有目的、有计划地将慈善事业进行到底。"

附 录

王健林核心言论、思想

1. 2003 年 7 月 28 日，王健林在万达集团内部讲话时说：

"企业文化绝对不是可有可无的，现代企业已经从卖产品、卖质量、卖品牌，进一步发展到卖文化，已经从经验管理、制度管理发展到最高层次的文化管理。我认为，企业文化有四点作用：第一，培养人，塑造人；第二，增强凝聚力；第三，加强企业管理；第四，提升企业竞争力。"

2. 2004 年 12 月 4 日，王健林在中国第四届信誉论坛演讲时说：

"只要长期坚持诚信，不仅能做好原有的生意，还能有新的商机、新的生意。万达的实践证明，诚信是有价值的，有好处的。万达经营 16 年来，一直把诚信当作核心价值观来抓。诚信不仅是企业文化意识，也是道德规范，我们认为，诚信必须要体现在企业的管理制度中。"

3. 2005 年 5 月 14 日，王健林在杭州商业地产论坛演讲时说：

"做购物中心，非常重要的是做对程序。一定要先租后建，招商在前，建设在后。做一个购物中心，一般有七八家主力店，主力店一定要是不同业态的组合在一起，这样才能满足一站式购物的需求；同时提高大家的比较效益，而且很多大的主力店签约时都要求排他性，不能出现同业态的竞争对手。"

4. 2005 年 12 月 5 日，王健林在北京大学光华管理学院演讲时说：

"创新意味着冒险精神，冒险精神意味着有风险，有风险就意味着有失败，而且可能有很多失败，只有不怕失败才能成功。但创新仅仅不怕失败还是远远不够的，重要的是能够从失败当中吸取教训、总结进步，'吃一堑，长一智'，才能获得成功。冒险精神和蛮干是有区别的．冒险精神是有调查，看准了，但是没把握，敢闯敢试。蛮干是没有目标、没有调查，随心所欲地干。"

5. 2006 年 7 月 30 日，王健林在《北大商业评论》主办的大连巡回演讲时说：

"关于企业文化我讲过一句话，也是我自认为比较经典的一句话：'人生追求的最高境界是精神追求，企业经营的最高层次是经营文化。'人的追求有这么几个层面，从温饱到小康、到富裕、到成就，最后到精神追求。所以很多大政治家、大企业家、大科学家到最后就是大智若愚，是精神追求。企业经营也一样，最高层面的东西是经营文化。"

6. 2006 年 9 月 7 日，王健林在北京民生银行演讲时说：

"万达靠制度管人，不靠人管人。靠人管人是靠不住的，所以，我跟员工也讲，我们主要是靠制度，其次靠忠诚度。忠诚度是会发生变化的，今年有忠诚度，可能明年没有了，给 10 万元有忠诚度，给 1000 万元可能忠诚度就没有了，所以，我们强调靠制度管人，不靠忠诚度管人。"

7. 2007 年 12 月 4 日，王健林在商业地产内部培训讲话时说：

"万达独有的商家合作伙伴资源，是万达的核心竞争优势，万达走到任何地方投资，最少有几十家大小主力店跟进，这意味着 80% 以上的租赁面积有保证。但这些紧密型合作伙伴也带来一个压力，别人把身家性命都压给我们了，我们就要替他们着想，就要确保店店赚钱才能对得起这些合作伙伴。所以在发展项目时，宁可前期多费点劲，也要保护我们合作伙伴的利益。"

8. 2008 年 5 月 28 日，王健林在大连社会新阶层代表人士培训班讲话时说：

"做生意，如果追求品质、追求品牌，市场都会给你好的回报。你不去宰人，往往赚更大的钱；你去宰人，要小聪明赚小钱、赚快钱，但是赚不了大钱、长钱。只有靠德行、老百姓口口相传的口碑，才能帮你赚更大的钱。小聪明是小胜，大道德才能大胜，做生意的人一定要明白这个道理。民营企业家赚大钱真正的秘诀，就是带头承担社会责任，带头做好人，带头做好的企业家。"

9. 2010 年 9 月 27 日，王健林在第五届万达商业年会演讲时说：

"万达购物中心的兴旺，最核心是管理。我经常强调，商业管理是万达的核心竞争能力。万达商业管理公司配备的干部数量比其他系统多，级别比其他系统高。工资上与项目开发公司实行同等待遇，商业管理人员工资拿得不比房地产开发人员少。"

10. 2010 年 10 月 22 日，王健林在中科院研究生院演讲时说：

"千万不要迷信那些所谓的'创富百招''成功绝招'，成功要靠自己专研、琢磨。万达 22 年的发展史就是一部创新史，就是敢想别人不敢想、敢做别人不敢做的事。不敢创业就不可能成功，创业可能 100 个人中有 90 个失败，但是总有 5 个、10 个人成功。企业家精神是多个方面的，我觉得最核心的是三个：创造力、坚持和责任。"

11. 2012 年 2 月 6 日，王健林在万达学院开学讲第一课时说：

"现在万达企业文化的核心理念是'国际万达，百年企业'。'国际万达'就是企业规模、企业管理、企业文化都要达到国际标准；'百年企业'就是追求基业长青和长远利益。万达竞争优势的形成，除商业模式、执行力和资金实力外，核心是追求卓越的文化引领，保持企业永不止步。"

12. 2012 年 4 月 22 日，王健林在武汉中国绿公司年会演讲时说：

"市场竞争条件下，规模本身就是优势。大企业不一定强，但不大的企业肯定不强，规模不大就不可能在市场上有话语权。企业经营不能只考虑眼前，一定要有长期战略规划。万达进入文化产业和旅游度假是为今后 20 年的发展储备长期竞争优势。万达投资文化产业具有前瞻性、符合国家发展大势，是顺势而为，做对的事情。中国文化产业外来竞争度低、国家政策保护、长期远景看好，一句话，文化产业是一个没有天花板的行业。"

13. 2012 年 4 月 25 日，王健林在清华大学演讲时说：

"我对孩子的要求，从内心希望他勤奋、敬业、有善心，将来这个职位我能交给他。万达不是家族企业，到现在为止万达没有我一个亲属，我也不是一定要交给他。我给自己定了时间表，到 2020 年我退下来的时候，万达应该是五六千亿元的收入、几十万名员工，他有这个能力就交给他，他没有这个能力，我硬要交给他，不仅害了他，这几十万名员工可就惨了。所以我觉得，他能干什么就干什么，不能干也可以请职业经理人。"

14. 2012 年 9 月 8 日，王健林在哈佛大学演讲时说：

"企业创新有很多种，如技术创新、管理创新、文化创新等，其中很重要的是模式创新，我一直认为商业模式创新的价值远远大于技术创新和管理创新。我非常反对有些人说，高科技、新能源、新材料才是希望，其他产业都不行。我认为不管是传统产业还是新兴产业，只要善于创新商业模式，一样可以获得超额利润，而且生命周期更长。因为既然称为传统产业，就是能延续成百上千年的产业，所谓先进的东西，寿命反而不一定很长。"

15. 2012 年 10 月 12 日，王健林在第六届万达商业年会演讲时说：

"体验型消费是生活必需之外的消费，如看电影、健身、溜冰等，不是非消费不可，不像一日三餐、日用生活必需品，人再困难再穷也要消费。与生活必需消费相比，体验型消费层次更高。万达广场现在能做到开一家旺一家，虽然离不开规划设计、招商运营等因素，但重视发展体验型消费是非常重要的原因。"

16. 2013 年 4 月 29 日，王健林在做客中央电视台《开讲啦》节目时说：

"人生做任何事情，要没有一种咬牙的精神，要没有一种一直坚持到底的精神，是不能成功的。坚持是企业家精神的核心，所有的创新、所有的梦想，都只有在坚持当中才能得到实现。我经常将讲两句话，我到了黄河心也不死，撞了南墙也不回头，为什么？到了黄河搭个桥就过去了，撞了南墙搭个梯子就翻过去了。"

17.2013 年 6 月 22 日，王健林在华商书院演讲时说：

"创业的成功是源于多种的，但最重要的是要有 DNA，这个 DNA 就是要有远大志向，心有多大舞台就有多大。做企业的最高层面，就是精神层面、精神需求。为民族增光，为民营企业或者为行业增光，或者做这个行业的世界领先企业。追求精神层面，用现在的流行话讲做卓越的社会企业，赚钱目的主要是回报社会。"

18.2013 年 10 月 16 日，王健林在广西非公有制企业成长讲座发表演讲时说：

"企业的持续经营是引入职业经理人制度更好，还是家族管理更好，这个问题在全世界争论已经超过 300 年了。总体来判断，经理人制度在企业基业长青和保持文化先进、竞争方面是比较好的，是要优于家族传承的。很简单，假如说你的企业有 100 个经理人，你在 100 个人当中选一个。你要家族传承，你最多有 3 个儿子，你只能在 3 个人当中选，这个比例就不一样了。一般来说，还是鼓励更多地选择职业经理人制度，建立专业的人才团队和建立制度文化，可能使企业更能基业长久，成为百年企业。"

19.2013 年 11 月 28 日，王健林在大连高级经理学院演讲时说：

"万达多年实践证明，不管国内企业还是海外企业，一个单位精气神如何，风气正不正，关键在于一把手。我是万达创始人，而且是绝对控股的大股东。但我依然坚持，我要求员工做到的，自己首先做到。论敬业，我每天 7 点多到公司，早来晚走，很少休息，是最勤奋的企业家；讲廉洁，招投标我从不干涉，在公司里没有我的任何亲戚，而且我对自己的亲属也严格要求，不允许亲属与公司做生意；讲用人，我不论亲疏，只看能力，员工在万达工作好就是最大的关系，提倡人际关系简单化。所以到现在为止，在公司里我敢说一句话：向我看齐。"

20. 2014 年 1 月 17 日，王健林在第四届中国慈善年会发言时说：

"我想讲不要作慈善秀，慈善是全人类共同的美好精神家园，也是中华民族几千年的传统，慈善事业应该是一种真诚的帮助，帮助别人的同时自己也能获得满足感。我觉得，行善应该首先惠及自己的员工。企业发展首要目的不是为了行善，企业发展最核心的目的，是为了把企业做好，企业的员工能够享受企业发展成果，这是作为发展企业最根本的目的。我作为中国企业家，在努力把我的公司做好、发展成一流跨国企业的同时，实实在在地行善，不为了吸引别人的眼球，不为争面子，实实在在做好慈善。"

21. 2014 年 3 月 21 日，王健林在上海市发展文化产业讲座演讲时说：

"万达文化产业不是只在内容产业上着手，况且内容还有不少限制，而是要从科技和形式方面创新，这也是为了能做大规模，规避风险。比如拍电影，由于内容审查等方面的限制，想做到快速增长非常困难。舞台戏剧也一样，一部戏演得再好，2000 万元收入就很了不起，做 100 部戏才能顶一个武汉电影乐园。万达文化产业突出游乐、娱乐性行业，并做成连锁，形成规模效应。"

22. 2014 年 3 月 21 日，王健林在上海市发展文化产业讲座时说：

"可以说，万达进入文化产业是被逼上梁山，也没想到一不小心做成世界第一的电影院线。但现在完全是文化自觉，是主动全面向文化产业转型，已经扩展到文化产业的很多领域。万达做文化产业，绝不简单就文化研究文化，就旅游研究旅游，万达打的是组合拳，要素组合越多，规模越大，威力越强。万达文旅项目把科技、文化、旅游、商业要素集成，做文旅商综合体。"

23. 2014 年 4 月 12 日，王健林在中欧国际商学院讲话时说：

"万达靠制度、文化、科技等综合因素形成了不敢说世界第一，但至少在中国第一的企业执行力，执行力是万达取得今天成绩的秘诀之一。执行力，是万达成为世界一流企业非常重要的法宝。万达执行力强突出变现在两个方面：一是说到做到。万达所有项目，包括万达广场、酒店、百货、影城等，在开工时就确定开业时间；二是算到拿到。万达从事不动产 15 年来，开发超过 100 个项目，不管是万达广场还是酒店，全部做到成本低于预算目标、净利润高于预算目标。"

24. 2014 年 4 月 12 日，王健林在中欧国际商学院讲话时说：

"在万达，只要是经过博弈确立的目标，没有人会说完不成。一旦确立目标，每个人只为完成任务想办法，绝不会为完不成任务找借口。想做成一件事总能找到办法，不想做成一件事总能找到借口。在万达，任务完成情况不仅和收入有关，也关系荣辱。万达每年都会把当年开业的万达广场、酒店等项目的品质进行排名，在集团年会的会场外用很大的展板公布，这就是很大的压力，排名靠后的总经理会感觉无脸面对团队，只有回去后发奋图强。"

25. 2014 年 8 月 16 日，王健林在首届中国慈善论坛发言时说：

"万达员工入职聘用时有一条规定，只要你愿意加入万达，必须自动承诺参加义工，如果不接受这条，我们也就不录用你了，在续签合同时也是一样，而且要求成为义工后每年至少做一次义工。为什么我们这么看重义工组织？我们意识到，在企业有钱之后，企业拿钱做慈善的时候，如果不在企业当中普及一种慈善文化，这个事情仅仅变成老板个人的活动，员工不理解、不支持，那么这个活动也不能持久。所以我觉得让慈善的理念成为绝大多数员工共同的认识，成为一种文化，这是我们所追求的。我们自己企业的网站、月刊、手机报，经常报道慈善义工的特色活动。"

26. 2014 年 8 月 25 日，王健林在万达电商内部研讨会讲话时说：

"在这个时代，如果不用互联网思维、新的方式去做，可能就要落伍，就要被淘汰。打个小的比方，商业地产一年营销费用是几十亿元，大多投到报纸、电视、现场活动等传统营销方式上了，到达率不够，效果也不好。现在农民工都有手机了，新媒体营销应该成为我们的方法。我希望集团所有副总裁以上的领导，都必须要有互联网营销思维，都要思考自己的业务如何利用互联网发展、如何实现 O2O。"

27. 2015 年 1 月 20 日，王健林在万达集团 2014 年年会上说：

"万达集团转型分为两个方面：从空间上看，是从中国企业转型为跨国企业；从内容上看，是从以房地产为主的企业转型为服务业为主的企业。万达已宣布到 2020 年的发展目标：资产 1 万亿元，收入 6000 亿元，净利润 600 亿元，成为世界一流跨国企业。"

28. 2016 年 1 月 16 日，王健林在万达集团 2015 年年会上说：

"万达已成为文化产业的行业龙头。万达文化集团成立仅三年，每年收入都以百亿数量级增长，2015 年万达文化集团收入已是行业第二名到第十名的总和，而且今后差距还会进一步拉大。万达文化集团已成为中国文化产业当之无愧的领军企业，无论是品牌影响力、收入规模，还是国际化程度都当之无愧。"

29. 2016 年 8 月 29 日，王健林在做客《鲁豫有约》时说：

"心和舞台是个逐渐放大的过程。很多学生上来就说要做首富，但连做哪个方面都不太清楚，有这个想法，想做世界最大、想做世界最好是对的。但是，最好先定一个能达到的小目标，比方说我先挣它一个亿。你看能不能用几年能挣到一个亿。你是规划 5 年还是 3 年呢，应该到了一个亿，我们再说下一个目标，我奔 10 亿、100 亿。不管你做什么，一定要有梦想，有目标，敢去做。你去做起码有一半的机会，你不去做机会是零。"

主要参考书目

[1] 张笑恒 . 像乔布斯一样思考，像比尔·盖茨一样行动 [M]. 北京：中国画报出版社，2013.

[2] 朱甄 . 王健林内部讲话：关键时，王健林说了什么 [M]. 北京：新世界出版社，2014.

[3] 柳润墨 . 王健林的万达帝国：中国新首富的地产王国 [M]. 北京：中国工业出版社，2014.

[4] 王健林 . 万达哲学——王健林首次自述经营之道 [M]. 北京：中信出版集团股份有限公司，2015.

[5] 张岩 . 王健林的棋 [M]. 北京：时代出版传媒股份有限公司、北京时代华文书局，2015.

[6] 孙陶然 . 创业 36 条军规 [M]. 北京：中信出版集团股份有限公司，2015.

编委会成员

北京超然之家家具建材有限公司董事长　脑立方北京海淀分中心总经理　陈超再

北京龙方圆文化发展有限公司董事长　北京大学总裁培训班国学项目负责人　焦宏亮

广州奔兆生物科技有限公司执行董事、仁和小绿瓶总裁　倪晓丽

中国天津尚赫保健用品有限公司（北京分公司）总经理　易　滢

北京汇智博文文化有限公司合伙人　刘　凡

山西海沙企业管理咨询有限公司总经理　高文汇

沈阳中街"国珍健康生活馆"馆长　史学军

紫禁城医药集团　赵光耀

北师大二附中国际部　杜丽华

北京益言文化传媒有限公司　杜仲钰

159 素食全餐代理商　孙　霞

北京耐威联合文化发展有限公司　陈　瑜

馨瑞国际医美　张　蕊

长春市宝图腾自控系统有限公司　李天春

太平洋保险公司　广州涵曦生物科技有限公司　陈思宇

北京林楠投资有限公司　涂祖胜

（排名不分先后，以上人员均为博文书友会社群合伙人）

274